U0165968

五南圖書出版公司 印行

圖解

諮商倫理

邱珍琬／著

閱讀文字

理解內容

觀看圖表

圖解讓
諮商倫理
更簡單

序言

序言

　　諮商倫理是諮商師考試的一門科目，也是諮商師專業必備的能力之一。一般在研究所階段，只有「諮商倫理」三個學分的課程，儘管授課教師會盡量用案例或者是討論的方式，來讓學生更清楚諮商倫理的兩難與如何做較佳的判斷，然而在臨床實務中遭遇到倫理議題時，還是需要仰賴個人的專業與智慧來做最適當的決定與行動。在本書內，將諮商師與治療師兩種說法輪流使用。

　　市面上有關諮商倫理的書籍已有許多，此書希望用佐以圖表與案例的方式，讓讀者更清楚諮商專業倫理守則與判斷可依據的有用線索，據此做出合乎專業與有利當事人或相關人等之決定。感謝五南圖書出版公司的王俐文副總編多年的信任，願意讓我著手寫這一本書。

單元 1 專業倫理的必要性

每一個行業都有其專業（工作）倫理，作為其成員最基本的行為標準，主要是用來約束這個行業的成員，在擔任相關業務時謹守分際，舉凡公務員、教師、律師、醫師和護理人員，都有其專業倫理需要遵守，因為影響層面重大！倘若無專業倫理的規範，不僅容易喪失一般民眾對此專業的信賴，也影響此專業裡的所有成員。想想看如果醫師無專業倫理規範，是不是任何人都可以自稱為醫師，遑論其是否為法定的醫學院畢業？如果醫師執業沒有工會或專業倫理約束，醫師可使用任何治療方式、視人命如草芥，這樣也無妨？諮商師也是醫事人員，其關切的是當事人的身心靈與生命品質，當然不容輕忽。

倫理有「法定倫理」（mandatory ethics，或「強制性」）與「渴望倫理」（aspirational ethics，或「理想性」），前者是最低標準、硬性規定的、有罰則或是法律約束力，是聚焦在「行為」上，後者則是專業人員所尋求的最高標準，與個人想要發揮的程度有關、沒有上限，兩者就如同我們一般所稱的「法律」與「道德」。如同法律是規範國民行為的最低準則，同樣地，專業倫理所規定的也是「最低」的執業行為標準，而最高的專業倫理是無人可以規範的，得靠個人的道德修養來決定。

專業人員的倫理覺察與問題解決技巧是決定其專業行為最重要的因素（Corey, Corey, & Callanan, 2007），也就是需要知道專業所規範的倫理原則、同時銘記在心，也時時提醒自己，二來若遭遇到可能的倫理情境，要做出智慧、合宜的判斷及行動，也需要有所依據。倫理的規範主要有三：（一）教育諮商專業人員與大眾有關此專業的責任；（二）藉由倫理規則的執行，提供此專業的基本可信度，保護當事人免於受到不合倫理行為的傷害；（三）提供專業人員執業的反省與改進基礎（Herlihy & Corey, 1996, cited in Corey, 2005, pp.38~39）。

所有心理衛生專業的倫理都強調：當事人的安全、專業能力與執業適當性、尊重當事人不同的生活型態與信念、尊重當事人的自我決定權、禁止剝削當事人、訂立契約、保密原則，以及維持專業聲望（Bond, 2010, p.57）。諮商是心理衛生專業，為維護其社會聲望與民眾福祉，諮商師當然要有專業倫理的約束，入門的準諮商師都需要修習「諮商專業倫理」這一門課程，在需要實際倫理判斷的時刻，諮商倫理就是最基本的「指導原則」，因為不像食譜一樣實際、明確的執行步驟，所以需要智慧明理的判斷，在臨床專業上每個諮商人想要成就的也不同（因為「道德」沒有上限）。

專業倫理的道德原則基礎
（Meara, Schmidt & Day, 1996,引自林家興, 2014, p.7）

自主（autonomy）

專業人員應促進當事人之自主權，避免當事人依賴他人，也應尊重當事人之自主性，促進當事人之獨立判斷與自主自決能力。

避免傷害（nonmaleficence）

專業人員在與當事人工作期間，應避免傷害當事人，在選用治療技術時，即使治療無效、也不會傷害當事人。

受益（beneficence）

專業人員首要之務在促進當事人福祉，有責任提供當事人最有效之治療。

公平對待（justice）

專業人員應公平對待當事人，不因當事人之人口背景（如性別、種族、年齡、語言、社經地位、性傾向、宗教、能力等）而有差別待遇。

忠誠（fidelity）

專業人員應對當事人忠誠，遵守承諾，維繫信任關係，所做所為都應以當事人最佳福祉為考量。

誠實信賴（veracity）

專業人員應以誠信態度對待當事人，不欺騙當事人，信賴當事人、也被信賴。

一般的專業倫理包含五個面向（Welfel, 2010, p.5）

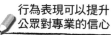 行為表現可以提升公眾對專業的信心

 有足夠的知識、技巧與判斷力，運用有效的處置

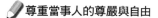 尊重當事人的尊嚴與自由

將當事人福祉列為專業人員最優先的考量

負責地使用專業角色所賦予的權力

✚ 知識補充站

我們在一般生活中常常需要做決定，因此需要評估與衡量利弊得失，專業的倫理判斷亦如是，只是在專業臨床上的判斷通常影響深遠。

單元 2 專業倫理與法律的關係

諮商專業是要促進人生全程之人類發展、尊重與擁抱多元社會及文化中的每個人、提升社會正義、維護諮商師與當事人關係，並讓有能力的諮商師以符合倫理的態度執業（American Counseling Association, ACA, 2014）。

諮商倫理的基本原則為：尊重自主權、不傷害、有利於當事人與社會、符合社會公義、忠誠（信守諮商關係與責任）與真誠（真誠對待當事人）（ACA, 2014）。諮商倫理設立的目的是為了：（一）知會執業成員倫理義務、提供指導原則；（二）指出諮商師或準諮商師倫理考量為何；（三）釐清倫理責任；（四）協助成員提供行動指南以維持良好服務品質（ACA, 2014）。諮商倫理的實施與約束對象為諮商師公會裡的成員（也就是參與的有效會員），卻無法管理非會員。我國人喜歡尋求不同的身心靈導師或教派，不管是在地民俗或是外來的一些非傳統療法，若是出了差錯，就無適當管道申訴或求償。多年前國內某教派虐死一名青年、宗教團體傳出法師性侵等，都無法訴諸公會，最後只有走法律途徑，但是為時已晚。

我國心理諮商師專業倫理規範的內容大致可分為幾大項，與美國諮商師協會所規範的大同小異，唯一較不同的是：美國相關助人專業倫理同時受到法律的規範，因此執業的專業人員（包含實習生）都需要保「責任險」（liability insurance），以防消費者因為諮商師執業失當或有疑慮而做出傷害提告。我國將心理諮商師列入「醫療（事）人員」，卻沒有相關的法律來保障消費者與諮商師權益，的確也是需要評估與檢討的問題。目前國內已有類似這樣的提案在醞釀，相信若能成案、會讓所服務的大眾對諮商更有信賴感。

專業倫理基本上是約束該專業執業人員，也就是不違反現行法律，進一步提升該專業的社會聲譽與地位。然而光是了解「諮商專業倫理」其實還不夠，我國的諮商專業人員在受訓期間沒有接受法律的相關知識，而是在「繼續教育」規定這個條件（專業倫理與法律在執照有效期限六年間需要修習十二個小時以上），但是由於諮商心理師法與現行法律沒有實際掛鉤，因此諮商心理師若是違反倫理，還只是接受諮商心理師公會的評估與判定，無法真確保護當事人的權益，這也是未來我們需要努力的方向。倫理行為不光只是約束治療師對當事人，還有專業人員本身，倘若發現同業有違反倫理的可疑行為時，可以先提醒、勸告，若無效則需要諮詢督導或同事，最後則是請諮商學會相關負責單位做處理。

小博士解說

美國將諮商倫理與法律併為同一課程，讓準諮商師明白相關法律與專業倫理的關係，也減少執業失誤或訴訟機會。

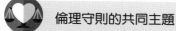

倫理守則的共同主題
（Koocher & Keith-Spiegel, 2008, cited in Corey, Schneider Corey, & Callanan, 2011/2013, pp.4~5）

- 提升實務品質以維護專業聲譽
- 保密和維護當事人隱私權
- 避免剝削
- 採取倫理和負責任的行動
- 避免傷害
- 促進消費者福祉
- 在個人能力範圍內進行實務工作

倫理守則的目標
（Herlihy & Corey, 2006, cited in Corey, et al., 2011/2013, pp.6~7）

- 教育專業人員何謂好的倫理行為
- 提供實踐專業責任的機制（監督自己與同業的倫理行為）
- 作為改善實務的催化劑

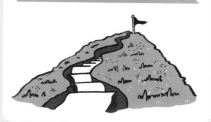

倫理守則的限制
（Corey, et al., 2011/2013, p.5）

- ⊘ 有些議題無法單憑倫理守則就能處理。
- ⊘ 有些倫理守則不夠清晰、精準，無法對倫理困境進行清楚的評量。
- ⊘ 只有學習倫理守則和實務指引，不足以進行倫理的實務應用。
- ⊘ 倫理守則內容之間、不同組織的守則之間，有時會出現衝突。
- ⊘ 實務工作者隸屬於數個專業學會，領取所屬州的證照和國家證照，因此必須遵守許多倫理守則，這些倫理守則之間未必一致。
- ⊘ 倫理守則傾向於事後回應，而不是事先預防。
- ⊘ 實務工作者的個人價值觀可能與倫理守則的特定標準有所衝突。
- ⊘ 倫理守則可能與機構政策和實務工作有所衝突。
- ⊘ 倫理守則必須被放在文化架構下來理解，因此你必須適應特定文化。
- ⊘ 倫理守則可能與法律或規定不一致。
- ⊘ 專業組織內存在不同觀點，因此並非所有成員都贊成組織訂定的倫理守則全部內容。

✚ 知識補充站

　　ACA（2014）之專業核心價值為：（一）提升人生全程之人類發展；（二）尊重多元、擁抱不同文化，支持個人在社會與文化脈絡下的內在價值、潛能與特殊性；（三）提升社會正義；（四）保護諮商師與當事人關係的尊嚴；（五）以能力為基礎及倫理態度執業。

單元 3 我國與美國諮商專業倫理內容

美國諮商心理學會專業守則

諮商心理學會（American Counseling Association, ACA）在首頁（p.3）說明專業守則的目的為：（一）使學會本身可以讓目前與未來的會員以及所服務的民眾清楚諮商學會會員的共同倫理責任；（二）這份守則也支持學會的任務；（三）規範建立一些原則定義學會成員的倫理行為以及最佳的執業行為；（四）規範如同倫理指標，協助會員建立專業行動步驟來為使用諮商的民眾做最佳服務，同時提升諮商專業的價值；（五）規範也是針對成員的倫理申訴或質疑過程的基礎。換句話說，諮商專業倫理的目的是告知諮商學會成員與使用諮商服務的大眾：諮商師需要遵守的共同倫理，不僅提供民眾最佳服務，也提升專業形象。

儘管專業倫理似乎是以保障當事人利益為優先，但是有學者表示專業倫理的規範似乎是在保護諮商師、而非當事人。這也提醒了諮商師在實際執業、或做倫理判斷時，應該要謹記專業倫理之相關規定，同時要謹慎將事，只要感覺「不對勁」，就需要去檢視整個事件過程，諮詢適當人士（包括資深同僚、督導或法律專家），不可逃避責任、輕忽了事！

美國諮商學會的任務為：藉由提升專業諮商師的發展、諮商專業及運用諮商專業與實務，來提升人類尊嚴與多元性，以增進社會之生活品質（ACA,

2014）。ACA 在 2014 年所公布的專業倫理（Code of ethics, pp.4~19）內容包含了：諮商關係、保密與隱私權、專業責任、與其他專業的關係、評量評鑑與解釋、督導訓練與教育、研究與出版、遠距諮商科技與社群媒體，以及倫理議題之解決等部分，我國諮商師專業倫理也大致規範了這幾個面向的內容。比較不同的是：ACA 針對當事人生命終止之決定（Section B）及數位時代的網路諮商（Section H）等，有較為詳細的規定。

我國的專業諮商倫理

我國諮商師專業倫理（以台灣輔導與諮商學會所訂立的為代表）的內容，與 ACA 所規範的相似，除了「總則」說明諮商目的、專業人員的責任等之外，主要分為「諮商關係」（包括諮商師與當事人的責任與權利、諮商關係與保密）、「諮商師責任」（包含諮商師的能力與限制及社會責任）、「諮詢」（諮詢意義、能力、限制與收費）、「測驗與評量」（所需能力、注意事項與測驗解釋）、「研究與出版」（以人為研究對象及出版的注意事項與責任）、「教學與督導」（所應遵循的倫理、督導關係與責任）及「網路諮商」（運用網路提供諮商服務的相關規定，包括避免傷害、網路安全與要注意的倫理與法律）等部分。本書會將一般諮商倫理重要議題做詳細說明與舉例。

小博士 解說

諮商師應當有「正向倫理」的思考，也就是考慮為當事人的最佳利益而做的行為，並非只是符合最低倫理標準而已（Corey, 2016/2017, p.40）。

政府管理部門的主要責任（Corey, et al., 2011/2013, p.10）

訂定維護大眾利益的
心理治療實務規章

決定進入某專業
的許可標準

懲戒違反法律規
範的專業行為

對提出檢定或證照
申請者進行審查

 ACA專業倫理規範

規範項目	內容
諮商關係	包括維護當事人福祉（紀錄的維護與保密、知後同意的必要性、文化與發展的敏銳度）、避免傷害當事人與強加價值觀（諮商關係的規定、諮商師在不同諮商情境的角色與責任、諮商師是代言人、對臨終病患的照顧）、終止諮商與轉介、特殊技巧的介入與使用科技相關議題。
保密與隱私	包括尊重當事人權益（保密與尊重隱私權、文化與差異的考量）、保密的限制、資訊的分享、團體與家族諮商的相關議題、紀錄的維護與釋出、研究與訓練相關規定、諮詢注意事項。
專業責任	包括諮商師的能力與限制、廣告與顧客招徠議題、諮商師的資格（如證書、教育背景、不能歧視）、社會責任。
與其他專業人員的關係	包括合作與保密議題、諮詢的考量。
遠距諮商、科技與社群媒體	包括數位能力與法律知識、當事人身分與同意、服務有效性與紀錄的保持等。
衡鑑、評估與解釋	包括以當事人福祉為優先、施測能力及解釋、提供資料給合格專業人員、診斷與多元文化、法院評鑑等議題。
督導、訓練與教育	包括諮商師為何需要督導、督導責任、督導資格與關係、諮商師教育者責任、學生責任與評估。
研究與出版	包括研究與出版須注意事項、研究參與者的權益、研究關係等。
倫理議題的解決	包括諮商師需了解自己參與相關學會的倫理規定、當倫理與法律有衝突時的解決方式、懷疑有違反倫理之可能性時的處理。

✚ 知識補充站

　　Corey（2017/2016）認為諮商師不能夠將個人需求與和當事人的關係全然切開，然而諮商師必須要能夠覺察自己的需求、相關的未竟事宜、潛在的個人衝突，以及反移情的來源等可能干擾我們協助當事人的因素（p.40）。

單元 4　當事人權益

諮商首要以「不傷害」為原則，進一步則是「為當事人謀取最佳福祉」，因此理當以當事人權益與福祉為第一優先。有關當事人權益部分，最常提到的是「保密」。許多當事人對於諮商師的專業不熟悉，因此較無法信任，加上諮商輔導在我國還是被汙名化得很嚴重，當事人不願意尋求諮商服務，一來怕自己被貼上標籤（是「病人」或「有問題」的人），二來也不喜歡自己是一個求助的「弱者」（有礙自尊），因此在當事人踏入諮商室的那一刻，其實是鼓足了勇氣，其三，當事人也擔心將自己的不堪或脆弱攤在陌生的諮商師面前，諮商師會不會瞧不起他／她？或者是他／她在諮商室所說的會不會傳出去？特別是在學校單位或一些特殊機構（如軍中、監獄或法院），當事人會比較擔心保密問題及洩密之後的影響。

當事人願不願意接受治療，也屬於當事人的權益，這通常發生在轉介過來的當事人身上，因為他／她可能認為問題不在自己身上、自己被誤解，或者是另一人需要承擔責任（像是霸凌者會認為是對方挑釁），想當然耳，他／她就不願意接受諮商服務，這自然也是當事人的權利。諮商師若認為有必要跟當事人談談，不妨讓當事人有機會說說自己這方面的故事、試圖了解，或是以要給轉介單位（如訓導處）或老師（上司）交代為由，「暫時」留住當事人幾分鐘，若他／她真的不願意，也不必勉強，讓當事人對諮商保有良好印象或經驗就是此次會面或晤談之目標。

許多當事人不清楚自己的權益，諮商師也有義務與責任要提醒。像是法院強制當事人諮商若干次，若是不履行，可能就會有進一步處分，這些也都需要讓當事人知道。有時候諮商師本身做研究，以當事人為研究參與對象，事前讓當事人了解、簽「知後同意書」很重要，當然口頭的約定也是一種承諾，當事人若要隨時退出，也是他／她的權利。

有時候當事人不知道或無法維護自身的權益（如受害學生或無行為能力者），諮商師就需要挺身護衛或倡言，甚至做吹哨子的人。像是諮商師若知道當事人或有其他人可能受傷或受害（如未成年墮胎或虐待事宜），就需要通知相關人士或單位。但是在通報之前要先考量其優劣，也要讓當事人知道諮商師要採取哪些行動、受影響的是誰、利弊得失如何等，有時候可能需要延緩通報，但是諮商師必須要自己承擔後果，因此最好的方式還是將事情發生始末、處理方式與考量詳細記載下來，萬一發生問題，可作為救濟之用。

小博士解說

所謂的「知後同意」或「知情同意」是指在說明讓當事人或監護人了解、並取得其首肯之下，簽署或未簽署（口頭上）同意書，讓當事人接受治療。

案例舉隅：「我不想待在這裡！」

　　四年級的郭老師將小東轉介到輔導室來，要輔導老師明莉好好跟他談一談。郭老師在轉介單上寫著許多小東妨礙教室秩序的罪狀，像是走來走去、故意弄掉同學的作業，或是用身體碰撞人卻說是對方的錯等等，郭老師希望明莉老師可以協助小東「恢復正常孩子應有的禮貌」。

　　小東站在輔導門前很久都不願意進來，明莉邀請他多次無果，於是就站在門口跟他說話：「你要不要進來？裡面有很好玩的玩具跟遊戲。」

　　「我不想待在這裡。」小東說。

　　「是郭老師請你來的對不對？」

　　小東不置可否。

　　「你要不要進來說一說今天發生了什麼事？」

　　小東搖頭，而且大叫：「我不要在這裡！」

　　明莉看看四周，很擔心有其他老師經過，於是伸手拉小東進入諮商室，小東嚎啕大哭。

可能牽涉的倫理議題

★明莉強拉當事人進入輔導室就是強制行為，即便在學校等教育單位，輔導是教育的一環，但是應該尊重當事人或潛在當事人是否願意接受諮商協助的意願。

★當事人或潛在當事人當然有選擇的權利，這是倫理規範裡的「尊重自主權」部分，即便是轉介過來的當事人也有選擇的權利，諮商師的責任在於說明，讓當事人清楚其權利為何？選擇之後的優點（可以給郭老師交代、聽聽你的故事、讓我更了解你、下次不必麻煩再來一趟）缺點（可能下次需要再來一次、沒辦法說你的故事、郭老師可能要知道我們在輔導室做了什麼）為何？分析給小東知道，讓他有所選擇。此外，輔導老師不是導師的助理，諮商目標是以當事人認為的為主，而非轉介人的，因為諮商的主體是當事人。

解決之道

（一）可以用邀請的方式請小東談談，若小東不願意進入輔導室，諮商師可以順其意願、陪他走回教室，或是問問小東要不要在校園走走？

（二）告訴小東諮商是怎麼一回事？郭老師擔心什麼？

（三）若小東不反對，可以邀請小東進入輔導室參觀一下，可以玩一些玩具、順便與他聊聊，在小東離開前就方才與小東相處的觀察，給予其正向回饋，讓小東對輔導室留下較好的印象。

（四）也可以給郭老師交代為由，請小東談談發生了什麼事？他的感受與想法為何？

（五）若小東堅持離開，也告訴小東這裡隨時歡迎他。

➕ 知識補充站

　　「知後同意」在整個諮商過程中是持續在進行的，而不是只在初次晤談或第一次諮商簽訂契約時的一次事件而已（Corey et al., 2011/2014, p.50）。

單元 4 當事人權益（續）

諮商關係中包括：當事人權益，知後同意，當事人同時接受他人協助或服務，不傷害或強加價值觀在當事人身上，避免治療關係之外的關係及角色，管理與維持治療關係與界限，在個諮、團諮、機構與社會的角色及關係，結束與轉介等。

當事人的紀錄／文件的保持與保密、當事人需要知道的資訊及資訊分享給其他合作系統或團隊、做研究或個案報告須注意避免當事人身分曝光等，這些屬於保密的範疇；維持專業與健康界線、知後同意、尊重當事人之選擇，這些屬於尊重當事人之自主權。當事人基本上是處於較為弱勢（如年齡、能力、社經地位、受困或受苦、少數族群）的立場，諮商師的專業權力與社會地位相對較高，因此也要特別留意與當事人間的互動，是否會無意中傳遞出威權、強迫、不均等的訊息？當事人可能懾於諮商師的專業與地位，無法適切表達自己的想法與感受，因此諮商師除了同理的能力，還要有權力意識。

避免傷害當事人或將自己的價值觀強加在當事人身上，這一句話說來簡單，但是不容易做到，因為許多價值觀是隱隱約約在運作的，有時候連諮商師自己都不自覺。像是面對逃過法律制裁的當事人，諮商師會說：「即使如此，你午夜夢迴時會擔心自己被逮到嗎？」（暗指對方逃不過法律的制裁）或是對一位想要離婚的女性說：「那妳的孩子怎麼辦？」（暗示當事人身為母親不能拋棄孩子）有些諮商師有自己的宗教信仰，也容易以自己宗教的教義或價值觀來看待或期許當事人（如「同志是不能上天堂的」），這些是需要避免的。

發展治療之外的關係，常常會遭遇許多兩難情況，所謂「關係多一層，複雜就多一層」，因此一般諮商師會特別注意這一點，但是現在諮商師也需要做外展（reach-out）服務，可能前往當事人家裡或機構協助，或是諮商師與當事人屬於同一社區或教會，要裝作不認識不可能，也因此諮商師就是適當界限的決定者，要注意適當彈性與不違法。

以上所提的當事人權益，其實就是諮商倫理最重視的，之後的章節也會分別詳細重現其重要性。當事人之所以求助，相信其之前已經企圖解決問題，但是效果不彰，或者是發現沒有希望，因此找尋最後一道曙光。諮商師面臨的都是較為負面的經驗，因為來求助的當事人，都是遭遇到生命瓶頸或困境者，因此諮商師要有很好的自我強度，才能夠承擔這些負面能量。諮商師面對每一位當事人時，都期待可以讓當事人覺得有希望、問題可以有轉圜的餘地，當然第一考量依然是：如何保護當事人、使其不再受傷害，以及如何解決問題、掙脫逆境，而 ACA 也鼓勵諮商師無償貢獻自己的能力給社區與社會。

維護當事人權益

當事人權益

諮商師需要保障與維護當事人權益

當事人相關文件與紀錄的維護與保存

諮商計畫須與當事人協商決定

要了解與善用當事人的支持網路及資源

 當事人權益

知後同意權

公平待遇權

受益權

免受傷害權

自主權

隱私權

要求諮商師的忠誠權

 「知後同意」中規範有關當事人相關權益的內容
（Corey et al., 2011/2014, pp.152~157）

治療過程

治療師背景

治療費用

治療期程與結案

諮詢同事

中斷治療

與診斷分類有關的權利（尤其是有保險的當事人）

治療利益與風險

傳統治療以外之選擇

晤談中錄音或錄影

當事人接觸檔案之權利

保密的本質與目的

單元 5 文化敏銳度

諮商是站在平等平權的立場協助當事人，雖然諮商師是受過訓練的專業助人者，但是不以專業的威權來看待自己的生涯，而是以提供當事人最佳服務為主旨，因此當事人是我們的老闆。求助於諮商者，通常是生命遭遇困厄或瓶頸者，也可能是社會中的弱勢族群（包括經濟、社會地位、性別、性取向等等），這些當事人在一般生活上未受到公平公正的待遇，而在面對諮商師時，治療師就要特別關照到當事人的處境與心境，不要複製社會的不公義，而且進一步為謀求當事人更佳福祉而努力。

每個人的出身、成長與經驗都不同，因此每一個人都是一個文化。諮商師通常是中產階級、異性戀的族群，較難去體會社會中下階級、少數性傾向民眾的辛苦，這也是諮商師訓練中「同理心」能力養成的最重要因素。因為每一個人都只能過一種人生，藉由同理心的「擬似」（as if）方式去體驗當事人的立場與感受，就可以更貼近其情緒、了解其處境，做適當的協助及處理，因此 Corey（2001, p.37）說：「心理健康問題最好從文化脈絡裡去了解，但是更重要的是要記得每位當事人都是特殊的個體。」儘管諮商師受限於自身的文化背景、經驗與價值觀，但是可以拓展自己的文化能力與敏銳度，除了要留意避免先入為主的刻板印象，讓當事人成為其文化的資訊提供者之外，也要對其他文化感到好奇、願意學習，不要畫地自限，相信以這樣的態度，當事人會願意敞開心胸、與諮商師對話。每一個族群裡面還是會有差異，不可一概論之，諮商師懷抱著尊重與謙沖之心，看見同中之異、也留意異中之同，就可以更清楚文化上的隱微變化。

「多元文化」是心理學的第四勢力，諮商師面對不同的當事人，理應培養這些能力，才能夠真正了解當事人與其歷史、脈絡，做最適切的處置。不同的文化背景包含性別、性傾向、種族、國家、膚色、語言、地理位置、社經地位、年齡、能力、教育程度、婚姻狀況等等，諮商師在面對當事人時，盡量懸置對當事人的一些假設與臆測，讓當事人引導諮商師了解其背景與特殊文化，因此諮商師的多元文化能力應有：（一）信念與態度——諮商師應了解自己的信念與態度會影響當事人與諮商過程，因此要時時覺察自己對當事人文化的敏銳度及檢視自己的態度與行為；（二）知識——要了解當事人相關的文化背景知識，以及社會系統對當事人與其族群的影響；（三）技巧——做一個好的傾聽者、了解不同的語言與非語言表達方式及意義、了解當事人可能有不同的治療目標、運用適當處置方式協助當事人（Sue, et al., 1981, 1982, cited in Nystul, 2006, pp.162~164）；（四）謙虛、自信與復原技巧——諮商師需要去承認錯誤、修正，也要相信自己有能力去適應、改變與學習（Arredondo, et al., 1995, cited in Ivey & Ivey, 2001）。

案例舉隅：價值觀

　　三十六歲的立中去見林諮商師，主要議題是不快樂、也不知道找誰說，他目前擔任工程師工作，也已屆適婚年齡，雙親會催促他帶女友回家看看，但是他不敢說自己喜歡的人不一樣，最苦惱的是他是家中獨子。林諮商師聽了之後問：「你有沒有想過改變？」
　　「改變？」立中有些茫然。
　　「是啊！」諮商師道：「性傾向是流動的，不一定現在喜歡同性，以後也會喜歡。」
　　「所以我該怎麼做？」立中問。
　　「試著去跟女生交往看看，也許感覺會不一樣。」

可能牽涉的倫理議題

★ 立中是以自己的不快樂來求助，父母親的逼婚與其未曝光的性傾向有關。但是諮商師直接將問題「導向」其性傾向，而且強烈暗示立中要做改變。諮商師有嚴重的異性戀價值觀，甚至建議當事人改變其性傾向，這也是不尊重當事人的做法。

★ 諮商師不尊重當事人意願、也未與當事人商議諮商目標為何，擅自做決定，而且誤導當事人，當然也不是站在當事人的最佳利益著想。

★ 諮商師也給了當事人錯誤的訊息：性傾向是流動的，所以會改變，諮商雖然也重視過去經驗的影響，然而焦點應該是在當下——當事人想要的是什麼。

解決之道

（一）諮商師可以先詢問立中諮商目標，或許是要如何因應雙親逼婚壓力的這個部分，或對雙親出櫃的可能性。若要出櫃，必須要先詳細討論出櫃的優劣點與影響。

（二）立中是獨子，可能背負著傳統傳宗接代的壓力，這也牽涉到文化與社會的價值部分，需要注意。

（三）諮商師可以協助立中了解性傾向是自己的一部分，進一步熟悉立中這一路走來的辛苦經驗，從中發現立中的優勢。

（四）立中的不快樂與壓力有關、也與其不敢曝光的性傾向有關，諮商師要了解立中是否有其他相關支持系統，要不然很容易有危機情況出現，也要先詢問其目前狀況、自傷之可能性，必要時得協助其拓展支持系統與相關協助資源。

（五）立中的案例不是唯一，同志相關族群或諮詢網站可以協助其釐清與知悉其他人的經驗，會是很棒的資源與支持系統。

 治療師在諮商過程中容易發生的幾個文化偏誤
（Pedersen, 1988, pp.39~43）

以一種測量方式來評鑑「正常行為」	仰賴抽象的語言
以某個學術領域（如社會學、心理學或人類學）來定義問題	
過於強調互相依賴與線性思考	忽略當事人的支持系統與歷史
聚焦在當事人的改變	強調「個別化」或個體的發展
拘泥於自己的文化思考（cultural encapsulation）	

單元 5 文化敏銳度（續）

身處多元文化的現代，治療師本身不能對不同種族、語言、性別、膚色、背景、文化、教育程度、社經地位、價值觀、信仰、年齡、功能程度、性取向等的當事人有偏見或歧視，因為這些偏見會影響諮商師對於當事人的態度與處置。這也是諮商師必須要時時覺察、自我提醒的最重要目的，因為人難免有偏見或成見，只是很多情況下沒有機會做檢視的功夫，除非自己親身經歷到，才可能做最直接的檢驗。拉到更廣的角度來看，我們每一個人都是特殊、與眾不同的，若是為了私己或我群的利益，而刻意區分你我、疏離、貶抑、欺凌或壓榨對方，是非常不人道的行為，況且許多的「不同」是天生、不可能改變的，如性別、膚色、身心障礙等，誰又希望生成那樣？諮商師若只重視主流文化的價值，對於其他非主流文化的敏銳度就會不足，而以這樣的主觀態度面對當事人，很容易傷害當事人。

治療師的尊重多元是必要條件，對不同文化背景的當事人要尊敬，也對文化相關議題（如種族、語言、價值觀、性傾向、社經地位、宗教或靈性需求等）保持敏銳，同時覺察文化與社會力量對於個人生活的影響，也留意自己可能的偏見或歧視（Nystul, 2006）；當然，多元也包含主流文化與非主流文化的權力與社會議題，像是男性與女性、異性戀與非異性戀、本土與新住民、成人與孩童、社經地位高低等，諮商師不能是「文化盲」（將所有文化視為一樣），也要注意不同背景的當事人或族群在目前社會中的地位與被對待方式。諮商師有機會與不同背景的人做第一手接觸（不管是在生活中或是刻意去接近），就會更貼近其文化，也釐清許多可能的迷思。

在美國本土的諮商守則裡很早就規範這一條，我國的種族類別雖然不若美國那般多元，但是還是由不同族群（閩南、客家、外省、原住民、新住民等）、性別、社經背景、城鄉地域、性取向、年齡、信仰、能力程度等等的民眾組成，因此多元文化的議題還是存在、也需要重視，像是一般人對於女性會假設其是「照顧人」的角色，而對於「母職」的期待又較之父職更多。諮商師大部分時間是面對個人，但是不要忽略每個人都不是獨立存在，有其特殊文化、成長歷史、經驗、背景、環境與價值觀，不能將當事人抽離其身處脈絡與環境，也要清楚其資源與阻力，協助當事人在現實生活中做有效反應，即便需要做改變，也要兼顧人與社會因素（Corey, 2016/2017, p.48）。此外，諮商師納入與當事人文化相同的支持人士或重要他人，也是展現對當事人的尊重與了解，而諮商師也是重要的倡議者與改變媒介，要為弱勢或不公義的族群發聲，甚至領銜引導政策或制度的改變。

小博士解說

諮商理論是從西方中產階級而來，自然帶有許多文化的偏見，諮商師面對當事人要注意：不要隨意解讀當事人不願意求助的行為或表現就是「抗拒」，在許多文化中求助通常是最後的選項，而且有許多文化的意涵在裡面。

案例舉隅：多元文化

　　范諮商師被中心緊急召來處理一個國小的危機情況，因為該校小四一位女生在校園內受到性侵之後慘遭勒斃，使得校園、家長與社區人心惶惶、草木皆兵，雖然警方已在全面追緝之中，但該校無專任輔導人員，於是該地區的學諮中心就介入處理。范諮商師決定要先針對全校做安撫與安全宣導、周告社區與家長一些防範措施、對受害學生班級的學生做班級輔導，同時篩選一些較危急的個案做個別諮商，必要時增加團體諮商的可能性。導師跟范諮商師說，他們班上有些家長反映孩子有失眠、做惡夢、驚嚇反應，或是看見受害者的情況，家長說要帶孩子去廟裡收驚，你若是范諮商師，會做哪些回應？

可能牽涉的倫理議題

★校園內發生這樣的危機情況，整個社區對其自身安全有疑慮是正常的，許多人都擔心下一次自己是受害者，家長也會擔心孩子，牽涉到有人受害或有潛在他人受害的情況。
★篩選危急個案、做處置之前，要先取得家長之知後同意，若該校已經與家長取得共識，就可以直接進行。
★家長帶孩子去收驚，這是在地文化與習俗，涉及多元文化的議題。

解決之道

（一）此危機情況可能影響其他人，包括某些學童已經出現重創後遺症的一些徵狀（也要預防集體的歇斯底里），范諮商師身負重任，但因為非此校之專輔教師或駐地諮商師，在面對與處理危機情況時，更要發揮專業能力，因此其本身需要評估與計畫需要處理的情況和優先次序。
（二）因為在國小校園發生這樣震撼的案件，受到影響的是學校裡面的成員、家長以及社區人員，范諮商師除了與中心人員和學校教職員工一起工作外，可能還需要與其他社區專業人員（如身心科醫師、社工、警務人員、教會牧師等）溝通及合作，並做資源之整合與運用，有時還要應付媒體（可設發言人）。
（三）家長要帶孩子去廟裡收驚，這是地方性的一些民俗信仰，若可以因此而安撫家長與學童，諮商師樂見其成、不須阻擋。由於有些學生似乎有重創後遺症的徵狀，除了篩選危機個案做適當處理外，范諮商師也要與家長取得共識，一起協助校內孩子。

 美國文化特色（諮商源於美國，其理論定義主要是依據美國文化，運用在不同文化脈絡要特別注意）
（Hogan-Garcia, 2007, cited in Corey et al., 2011/2014, p.115）

| 植根於英國盎格魯薩克遜文化 | 強調家長制核心家庭 | 強調保持忙碌 |

| 強調可評量、可看見的結果 | 強調個人的選擇、責任與成就 | 自信和主動 |

| 變化與新奇的想法 | 平等、簡略的和公平的遊戲 |

單元 6 諮商關係中的權力與位階議題

在談多元文化能力的同時，絕不能忽略人際關係中的權力與位階的議題，而在華人文化中又有所謂的「孝道」與「倫常」，也隱含權力意味。

諮商是一種專業關係，規範了治療師與當事人的權利和責任關係，但是一般諮商倫理較少提及所謂的「權力關係」。在治療場域中，諮商師通常是擁有權力與位階較高的一方，儘管 Carl Rogers 已盡量弭平了治療師與當事人之間的位階關係，但是還是有許多動力因素存在於諮商關係中，需要特別留意。

諮商師站在專業權力的位子上，而當事人通常是生命遭遇瓶頸或困挫的情況，若加上其他背景因素（如性別、年齡、語言、經濟狀況）的差異，很容易讓當事人處在更弱勢的地位，況且求助於他人或專業人員，都讓一般人覺得難堪、自尊受損（這也是諮商被汙名化的部分），在這些動力因素的影響下，若治療師本身未能敏銳覺察，就可能違反專業倫理，甚至有剝削（如發生性關係）或假權勢欺人的情況發生，當然也違背了當事人權益。

諮商師與當事人處於社會脈絡中，社會有所謂的「主流文化」（如漢人、異性戀、中文），而非主流的種族、性傾向或語言就會遭受排擠、歧視、邊緣化，或者在法律之前無法享受同樣的權益。當事人進入治療關係，不免也將這些主流文化所認同的價值觀帶進來，甚至是因為非主流而受到侵權或壓抑，諮商師不應該「複製」主流文化的價值觀到諮商關係中，同時也要留意、覺察自己是否因此而強加主流文化的價值觀或期待在當事人身上。

女性、孩童、老年人或同志／雙性戀者在我們的社會中屬於弱勢族群，若還加上長幼有序的倫常觀點（如婆媳關係、夫妻議題、無後為大等），會讓弱勢者雪上加霜、無法改變現狀，自然也很難提升其生活品質。有些特殊機構（如監獄、醫院、軍隊、警局或一般公司行號等）的行政官僚體系，其權力結構的制度化已然形成多年，裡面的成員因為身在其中而很難願意透露自己真正的弱點或困難，當然也不願意對機構或上司有所抱怨（擔心被清算或失去工作）。擔任這些族群的諮商工作，當然也會遭遇到種種現實的限制，諮商師在治療室裡面營造、維持的安全氛圍，忠誠開放的溝通，同時保證當事人的自主與受益權，甚至進一步成為改變的倡議者或媒介，自然可以慢慢改變現狀。

諮商師與當事人之間的權力與位階關係，也可以延伸到督導與受督者（實習生或諮商師）、機構行政長官與諮商師、醫療院所的主治醫師與諮商師等的關係。

權力無所不在，諮商師針對相關議題，都要特別留意、謹慎處理。

小博士解說

女性主義治療師認為，要減少治療師與當事人間的權力差異，可以做的有：將治療過程公開透明化、同理當事人處境、適當的自我揭露、隨時檢視治療關係中的權力平衡等。

女性主義治療（最強調權力議題的諮商學派）之基本主張
（Taylor, 1996, p.212）

讓當事人明白自己在社會化過程中的性別角色

知道自己內化的性別角色訊息與信念

以更積極的自我語言替代刻板化的角色信念

不必拘泥於刻板角色而自由選擇更多元化的行為

評估社會力量對個人經驗的影響　　了解社會是如何壓迫女性

明白女性的個別經驗其實是普遍存在於所有女性身上

重建許多機構中的歧視行為與規定　　發展個人與社會力量意識

 諮商師多元文化議題檢視表

注：以下這些問題很容易就「答對」，但是到底實際上能否做到，不是靠檢視項目就可以完成。諮商師必須要有足夠的敏銳度，嚴格且真誠地檢視自己生活中的一些互動、感受與想法，就可以更清楚！

檢視項目	說明
種族	對於不同種族或是膚色的人，你／妳的對待方式會不會不一樣？例如對白皮膚的高加索人比較親善，對膚色較黑的人（如印尼人、南美人或原住民）則較不友善？
語言	對於不同說話腔調（或口音）的人會不會有不同對待或懷疑？像是喜歡ABC（美國出生的中國人），不喜歡說話有臺灣腔的人？或是南部人會懷疑對方不是南部人？
價值觀	價值觀的相同或相異會不會影響你／妳對此人之評價或態度？
性別	因為他與你／妳同性別而特別親近、疏離？不管你／妳的性別為何，會不會比較「尊重」男性而較不尊重女性？或者是你／妳認為哪些行為是「應該」屬於某特定性別的？
性傾向	你／妳對於同／異性戀者有強烈個人意見嗎？或是不能接受性傾向少數族群？
社經地位	對於社經地位高／低者，你／妳使用的語言或態度不同嗎？
宗教或靈性需求	因為對方所信仰的與你／妳相同或相異而有不同對待方式？或者是對方有無宗教信仰，都影響你／妳對他／她的觀感？
城鄉地域	因為對方來自大都會而特別尊崇，或是對方來自鄉村地區而鄙夷？
年齡	會不會因為對方是年幼或老年而有不同對待？
能力程度	會不會因為對方有身心障礙而過度同情或是鄙視？
教育程度	會因為對方的教育程度較高而極為尊敬，或因對方無很高學歷而有不同對待？
長相或外表	因為對方的長相較清秀而「愛屋及烏」，或是因為對方長相平平而冷淡對之？

✚ 知識補充站

女性主義治療使用的「權力分析」（power analysis）是協助當事人了解權力與資源的不平等分配也會影響個人生活的現實面，和當事人一起探索與運用其他不同形式的權力，同時挑戰阻礙當事人運用權力的性別角色訊息，包含女性被限制在家庭（私領域）之內，不能在公領域（如職場）發揮自己所長，而在家庭裡有「權力關係」存在，也是受到社會文化的影響。

單元 7 保密與隱私權

　　諮商關係是治療最重要的基石，倘若關係沒建立好，諮商師就無法與當事人取得合作、一起造成改變。當事人之所以相信諮商師，主要是因為信任治療關係，尤其是保密的部分。一般人求助於專業人士者，通常不想要讓別人知道，畢竟「求助」被視為是自己無能力解決、或是弱者的行為，尤其是求助於心理諮商，求助人擔心他人的看法（公眾污名化）、也擔心對自我的評價（自我汙名），因此非到最後關頭不會去求助，或是提早結束治療關係。諮商師最起碼必須要保證在諮商室裡的相關訊息獲得保密，倘若當事人是法定無行為能力者（如未成年者、智能障礙或心理疾病患者），其在受監護的情況下，許多事情不願意讓監護人（如未成年懷孕）或重要他人（家暴或被霸凌）知悉，諮商師該如何因應？保密有無限制？倘若有，又如何去平衡治療關係與通報的必要性？

保密原則

　　（一）保密是維護當事人權益之必要，同時也是建立治療信任關係的關鍵。縱使在與未成年當事人晤談前，可以在諮商契約裡說明保密的原則與例外。例外情況如當事人有自傷或傷害他人的潛在危險（包括法定的傳染疾病）；或當事人是實習生、在督導的協助下，有時與督導討論個案，也不在保密之列；或是當事人同時接受其他機構服務時有一些資訊需要分享，以及當事人是由法院等機構轉介過來做強制治療者，保密都有限制，然而也都需要當事人的知後同意，讓當事人了解的同時，他／她可做選擇。

　　（二）倘若當事人是法律上所規範的「弱勢」（如未成年、無行為能力等），有時候需要獲得監護人的「知後同意」才可以進行治療，但是諮商師對於當事人的保密是否就要打折扣？若監護人不同意，但是有治療之必要，又該怎麼做？萬一，當事人是受到監護人之暴力或性侵，那麼要如何做才能維護當事人之安全？若當事人是被法院命令要接受強制治療的，治療師在保護當事人隱私與法院要求分享資訊之間需要取得平衡，這些也都需要注意。

　　（三）在進行個人或團體諮商時，「保密」的確是很重要的關鍵，管理得好有助於治療關係的建立、團體凝聚力之形成，萬一失當，就可能危害當事人或團體成員，因此治療師還是要以當事人／成員的福祉為優先考量。舉例來說，在大學校園內擔任諮商師，在初次晤談時就可以跟學生說明：「如果我們在校園裡相遇，你／妳可以不跟我打招呼，因為可能你／妳當時跟其他同學在一起，對方會質疑我們的關係，可能就暴露了你／妳曾經求助的事實、妨礙了保密原則，除非你／妳沒有這一層顧慮、願意跟我打招呼，我就會回應。」這就是「知後同意」。

小博士解說

　　若保密例外發生時，較佳的做法是知會當事人諮商師即將採取的行動，並邀請當事人一起參與過程（Corey et al., 2011/2014, p.205）。

案例舉隅：未成年保密議題

　　國中一年級的小花被導師轉介到輔導室來，導師說小花出席不定，有時候爸爸也找到學校來，說她沒有回家，導師很擔心小花的交友與行為，因為她似乎認識許多校外年長的人士、也會抽菸喝酒，這些都是她很自傲地向同學宣稱的。導師說小花的母親很早就因為外遇離家，哥哥國中畢業後就去外縣市工作，父親是做鐵工的，常常工作時間不固定，有時候會忙到很晚，雖然對小花的課業也很注意，只是自己要賺錢又要照顧孩子，時常心力俱疲。

　　小花在輔導室沉默了很久、態度很排拒，她一直宣稱自己不需要國中學歷就可以找到工作，輔導老師詢問她是怎樣的工作，她就不說話了。輔導老師分析給她看目前學歷與職業市場的情況，小花根本沒興趣聽，只是一直抱怨學校找她的麻煩。第二次晤談時，小花就直接告訴輔導老師：「我爸性侵我。」輔導老師就針對這個議題詢問小花細節，小花但笑而不答，後來還加一句：「我就是要離開那個老頭子！」若你是這位輔導老師該如何做？

可能牽涉的倫理議題

★導師擔心小花可能是中輟的危險族群，因此轉介其到輔導室，但是小花極為抗拒，在第二次晤談時提到父親性侵她，輔導老師基於有人受傷之可能性，而就性侵議題做更深入了解，但小花未說出詳情。

★小花若遭直屬家庭成員性侵，諮商師除了需要考量維護當事人福祉外，這也是法律議題。

★小花未成年，其監護人為單親父親，若父親性侵屬實，該不該讓監護人知道？

★諮商的基本倫理是不傷害，若小花所揭發的是事實，表示小花有受到傷害；倘若小花所說的不是事實，其家人也會因為這個不實指控而受到傷害。

★小花未提供詳情，這是當事人自主權的部分，小花可以決定說或不說，當然也需要為此負責。

★因為有潛在人士可能受到傷害（不管是小花或其父與家庭），因此可能需要打破保密原則，這一點需要讓當事人知道，並分析其後果，並決定是否通報。

解決之道

（一）輔導老師企圖詢問細節、釐清性侵真相是對的，而且態度不疾不徐，能夠讓當事人感覺安全與信任。

（二）小花說的是否是實情，諮商師不管其動機如何、不需要懷疑，若確定有性侵可能性，當事人會持續受害，就應該記錄舉證、提報相關單位，並針對小花所言傾聽與理解。

（三）關於小花是否被性侵受害，輔導老師可以進一步了解其背景與家庭生活。輔導老師也了解小花交友較不單純，但不可斷言性侵只是藉口。輔導教師的接納與諒解，或許可以慢慢卸下其心防。

（四）小花與父親相處的情況也需要進一步了解，甚至先私下透過社工弄清楚其家庭互動情況。若輔導教師沒有把握，建議其先諮詢資深同儕或法律人士。

 保密例外

● 嚴重或可預見的傷害　　● 法律要求　　● 有關結束生命的決定　　● 法院命令

● 會傳染、威脅性命的疾病　　● 即便需要打破保密原則（如保險公司或法院），也盡量提供最低限度的當事人資訊（只呈現重要訊息）

單元 7 保密與隱私權（續）

（四）保密也涉及當事人的資料、紀錄之保護，還有做研究要注意勿洩漏可認出當事人身分的線索等，有些內容也可能涉及法律議題（如通報與否、犯罪事實等），都需要特別注意。諮商師最好先弄清楚或了解相關的一些法律，免得因為責任之間的衝突造成保密的誤判（Corey, et al., 2007），我國諮商師法規定諮商師需要接受最低限度的法律與倫理繼續教育時數，其用意即在此，但是諮商師不應畫地自限、以此為滿足，而是需要持續去進修與了解相關法令與規定，就可提供更好的服務給當事人。

（五）Corey（2016/2017）建議諮商師決定是否打破保密原則時，必須要考慮法律、職場與當事人三方面的要求，因此專業判斷很重要。數位科技蓬勃發展，諮商當然也不例外，有不同的網路諮商服務，也挑戰了傳統的保密議題。ACA 特別規範了科技與諮商的準則，包括諮商師的網路數位能力、遠距諮商的相關法律、知後同意的取得與安全性維護、當事人驗證、諮商關係與紀錄的維護、誰可以使用網路，以及社交媒體的使用等（Jencius, 2015, cited in Corey. 2016/2016, p.45），但都只是一些概略式規範，無法統攬全部情況。

隱私權

諮商師對於不同文化其隱私權與保密的意義要覺察、具敏銳度，也尊重對於資訊洩漏的不同意見。在治療中，諮商師若需要知道當事人的一些隱私，要先考慮其對當事人是否有益。諮商師應保護當事人隱私不被他人知道，隱私是一般的用詞、是人權的一個部分；法律上使用的是「溝通特權」（privileged communication），針對的是律師與委託人之間的談話，若未取得當事人同意不得洩漏。諮商關係中的保密不像法律上的溝通特權，因為會有例外情況，也就是必要時得犧牲當事人的隱私權。

諮商師若需要與他人（如家長、督導、律師、法官、精神科醫師、社工或合作團隊等）分享當事人的私人資訊，也要事先與當事人說明、並取得其同意，同時注意傳輸管道是保密而安全的。倘若當事人已過世，也不能洩漏當事人資訊，除非事前獲得當事人的同意。

有諮商師擔心若將保密限制先說出來，有些當事人可能就不願意做揭露，當然是否說出也是當事人的選擇與決定，而具信任的治療關係可以化解當事人的這些擔心。諮商師若同時服務多位當事人（如配偶、家庭、或團體），保密就更不容易，然而還是需要強調其重要性，這當然也包含相關影像、錄音與紀錄。當事人是其自身相關資訊的擁有者，當事人要求看紀錄是權利，若資料可能傷害當事人，諮商師就要小心斟酌與評估。諮商師擔任督導或諮詢，也受到同樣的約束。

小博士解說

汙名化包含了刻板印象、偏見與歧視（Corrigan, 2004），而這些汙名化也會經由求助者本身「內化」使其對自己的觀感有貶抑或低落（Vogel, Wade, & Hackler, 2007）。

案例舉隅：當事人權益

　　小趙正在做碩三全職實習，但是之前在碩二兼職實習時，就常常被授課老師挑戰其職業性向，老師認為小趙從事其他行業的成功機會較大，但是小趙不買單，認為老師對他有偏見。碩三實習時，小趙無法找到校外的實習機會，系裡老師只好安排他到學校的諮商中心實習，其用意也是希望可以藉由就近督導，看看小趙的專業能力是否能增長？結果小趙在兼職實習時所犯的錯誤還是延續下來，其他的諮商師都認為小趙選諮商這一行似乎是錯誤，因為他的臨床表現真的乏善可陳，更嚴重的是他的態度——不願意承認，當然也就沒有改善。看樣子駐地與在校督導得要當掉他，要不然他會危害到未來的當事人，於是駐地督導先跟他談。小趙的反應很激烈，他認為老師故意不讓他圓夢，即便老師說從他碩一開始觀察到現在，加上諮商中心的一些調查，他的確需要很大的改進。小趙最後無言地離開。沒想到後來系裡接到另一學校的電話，說小趙竟然將實習時的個案紀錄影印、作為申請其他諮商所的「業績」，系裡老師緊急開會，商議處理的辦法。

可能牽涉的倫理議題

★小趙將當事人的晤談紀錄影印，作為自己申請其他諮商所的「證據」，違反對當事人的保密原則。

★小趙本身在諮商所養成過程中，教師們對其專業能力的評估，認為他尚未具專業須達的最低標準，因此才讓他不及格，也事先告知，然而小趙的改善幅度太小，以至於在碩三實習時仍然不足以獨立工作，倘若小趙的系所讓他就這樣過關，其守門員的功能就受到質疑，也等於是傷害未來當事人的潛在幫凶。當然，小趙不一定會考取諮商師執照，但是訓練其成為諮商師的系所有應負的責任。

★小趙的這種行為還違反法律上的隱私權，若有當事人知道，或是系所及該實習機構提起訴訟，成案的機率極高。

解決之道

（一）小趙損害的不僅是當事人權益，連帶地也把系所、該校諮商中心的名聲與自己在諮商界的未來給扼殺了。

（二）對於小趙私自將當事人紀錄影印出來，這一點其實習機構也不能卸責。雖然實習單位無法監控每一位實習生的行為，但是小趙犯下這麼大的錯誤，該系與實習機構應謹記這個教訓，時時提醒學生遵循專業倫理與相關法律的重要性，以防下一次同樣事件的發生。

（三）小趙知法犯法的行為的確茲事體大，系所、小趙申請的研究所也都有資格提告，未來小趙要在諮商界工作幾乎是不可能的。

 諮商師對於當事人權益需要做的

保護與提升當事人福祉	諮商師的首要任務就是尊重、保護與增進當事人身心健康與福祉。
紀錄與文件	對於與當事人的晤談錄音與紀錄文件等，都要依照機構的規定妥善處理與保存。
諮商計畫	諮商師與當事人共同擬定諮商計畫，表示尊重當事人的選擇，諮商師要監控進度、並隨時做檢視與修正，以維持計畫之有效性；諮商計畫是為當事人客製化的具體計畫，需要考慮到當事人的個性、能力、發展階段與其所處之環境脈絡資源等。
支持與合作的系統或團隊	了解當事人的支持系統對其有不同意義（不管是靈性、社團、鄰里或家庭成員），諮商師可以在當事人的同意下，盡量去認識與了解，做必要的連結。

單元 8 知後同意

「知後同意」（informed consent）或「知情同意」，顧名思義就是要在當事人知情的條件下，才可以進行相關的治療行為。一般在進行治療前所簽的契約就是一種「知後同意」，在學校家長簽署、讓孩子接受相關的協助的也是「知後同意」。在學校場域，因為所服務的對象基本上是未成年或法定無行為能力者，學校若要進行任何活動，通常需要取得家長或監護人同意，這些都是「知後同意」。若當事人是接受許多單位或人員的服務（如醫師、社工、宗教人士），要將當事人相關資料或資訊做分享，也需要當事人簽署或口頭同意，有關當事人的醫療、諮商紀錄也是如此，基本上這些資料都屬於當事人；倘若當事人未成年或無法定行為能力（如身心障礙者），則要取得其監護人或法定代理人之同意，方可取得其資料或紀錄。

一般諮商契約的知後同意內容包括（Corey, 2016/2017, p.43）：（一）諮商的一般性目標；（二）諮商師對當事人的責任；（三）當事人的責任；（四）保密的限制與期待；（五）界定關係的法律與倫理要素；（六）諮商師的資格與背景；（七）費用；（八）當事人期待的服務；（九）治療長度或次數；（十）諮商的優點與涉及之風險；（十一）諮商師與同事或督導討論個案的可能性。在危機情況下所簽署的「不自殺契約」也是知後同意的一種，契約書裡面要述及緊急情況下當事人可以採取的行動與聯絡人／方式，而且時時檢視，若有不妥處都要做調整。「不自殺契約」不是簽訂了就算，而是要切實履行、嚴格監控。對於諮商過程中諮商師與當事人的角色如何、諮商是怎麼一回事，這些也都需要諮商師說明清楚讓當事人了解，接下來進行的諮商計畫，也要與當事人商議或協談、一起擬定，都是在當事人知情且同意的情況下進行。

有些臨床工作者要做研究或個案報告，若需要使用當事人相關資料，也要經過當事人或其監護人之同意。但是有些特殊情況下，如當事人未滿法定年齡、但是受到監護人或家長的虐待（身體、性或其他形式），當事人會擔心自己對諮商師所言可能會洩漏出去、讓其處境更艱難或危險，諮商師就要請教相關的法律專家或社福人員，該如何處理最恰當。此外，若法官要求諮商師出示當事人的紀錄，也要對當事人做說明，諮商師不一定要將原本的紀錄交給法官，而是另外以摘要方式做書面說明即可。

此外，諮商師若要對當事人做一些測驗，要事先說明做測驗的原因、結果出來會如何，因為這些都需要獲得當事人的知後同意，而且能夠讓當事人信賴、增進治療關係，讓當事人更願意合作。

小博士解說

諮商師要揭露任何當事人的隱私資訊前，都需要考量相關利害關係人的利益與情況，包括萬一揭露訊息後，有多少人會受到影響？影響程度為何？如何在兩害取其輕的原則下做出最明智的決定？

案例舉隅：「還有其他人知道我的事？」

　　莉瑜是實習諮商師，在某大學的學生諮商中心實習。有位當事人小林前來求助，那個時段正好是莉瑜值班，所以她就直接接案，只是她急於了解小林的情況，簡單介紹了自己是實習諮商師、實習時間是一學期，也告訴小林諮商的保密例外，但是沒有特別說明自己是在某位老師的督導下，因此需要與督導做個案討論。小林的情況確實棘手，莉瑜第一次接這樣的案例，所以在督導時間之後，再度與小林碰面，莉瑜提到督導的意見，小林氣得站起來：「妳沒有告訴我，還有其他人知道我的事！」小林氣沖沖地離開諮商中心，後來向中心主管投訴。

可能牽涉的倫理議題

★小林在未被告知與說明保密例外的情況下，發現自己的事竟然有第三人知道，當然極為震驚、也失去對諮商師的信賴。莉瑜雖是實習諮商師，忽略了這一點，是很嚴重的失誤。或許小林不清楚諮商師保密的限制為何？因此需要解釋清楚。
★莉瑜也違反了當事人的「知後同意」權，即便在晤談契約中有說明莉瑜目前接受督導、需要談及個案情況等，最好還是口頭上再說一遍，取得當事人的同意。

解決之道

（一）一般與當事人所訂的諮商契約中應該會列出實習諮商師可能在督導情況下需要錄音或討論案例的說明，莉瑜顯然跳過了這道程序，或是沒有與當事人就契約內容逐項做討論或說明，因此當事人不了解情況。
（二）如果有機會找到小林，向他道歉，肯定小林願意使用諮商服務、也清楚諮商的一些保密原則，或者可請督導親自對其說明（包括保密的例外），接著諮商師可與他就諮商契約內容做逐步解釋與說明，讓小林有選擇的機會。
（三）小林可能是第一次接受諮商服務，不太了解諮商流程及諮商師與自己在其中擔任的角色，這些也可一併說明。
（四）若小林堅持不再來，寫一封道歉函或是卡片給小林，也請他在需要時持續使用諮商服務。

 諮商關係中的知後同意

強制治療當事人

接受法院或其他單位轉介，必須強制做諮商的當事人，諮商師應當告訴其保密與其限制為何、相關資料會向誰報告或披露、當事人若拒絕諮商可能的後果如何等，都應該與其討論。

所需資訊

諮商師要明確說明機構所提供的諮商服務有哪些，包括目標、過程、技巧、限制、諮商益處、潛在危險等，諮商師的資格、證書、專長、經驗與理論取向，諮商費用、付費安排、或未付款的處理程序，保密與其限制（含不同系統間合作），以及當事人可拒絕服務等。

發展與文化敏銳度

諮商師將當事人當成專家，想要更了解其文化與背景，也要配合以當事人慣用或可理解的語言溝通（必要時可請翻譯）。對於不同發展階段或障礙的當事人與其需求也要了解。

未能給予同意

若當事人未成年或是不能自己做決定，諮商師必須取得其機構或監護人之同意才提供服務，然而在做任何決定時都應該將當事人包括在內。

當事人同時接受其他的協助

要讓當事人知道其相關資料會與誰分享，諮商師同時要與其他協助單位維持正向、良好的專業關係。

避免傷害或強加價值觀在當事人身上

單元 8 知後同意（續一）

　　「知後同意」是一個持續的歷程，不是單一簽訂的書面動作而已。整個諮商過程進行中的許多事，也都需要讓當事人清楚了解，才容易取得其合作、積極參與，況且治療過程中諮商師與當事人應該是合作的夥伴關係。當事人在進入諮商前就需要知道治療為何、療期多長、費用與保險、治療師背景等，諮商師需要讓當事人認識與了解自己的權利，同時保護當事人之權益，也提供當事人適當足夠的資訊，讓他們決定是否要進入治療或繼續諮商。進入諮商之後，對於治療師的處置方式、有無危險性、錄音或錄影、保密限制、諮商紀錄、有無其他替代之治療方式等，也都有被告知的權利。

　　許多諮商師或是實習諮商師誤將「知後同意」視為在初次晤談或第一次進行諮商時一個「標準」的簽名動作，沒有真正落實「知後同意」的精神與實際情況，以至於讓當事人常常在五里霧中，不清楚自己在治療中的角色以及作為為何，這其實彰顯了諮商師的權威，鼓勵當事人的依賴，甚至漠視了當事人的自主權及知的權利。

　　雖然許多諮商師在與當事人簽訂晤談契約的同時會說：「有任何問題都可以提出來。」但是當事人其實很難在當下提出任何疑問，因此在諮商過程中，治療師有必要說明與釐清自己治療的動作與

優劣，讓當事人可提問，隨時讓當事人在資訊很清楚的狀態下晤談，一來容易取得當事人的了解及合作，二來可建立良好的治療關係、提升諮商效果，此外也可減少治療師被訴訟的機會。許多諮商師忘記應該要教育當事人其權利，也釐清當事人對於治療的期待，只是在發生問題或有疑慮時才特別提出，當事人的反彈就會很大，這樣也不符合倫理的程序與做法。諮商師對於自己的處置方式與想法極少讓當事人知道，可能是為了維護其專業權威，或是認為說了當事人也不會了解，這樣的做法無法讓當事人在治療過程中承擔應負的責任，也不是我們樂於見到的情況。

　　在政府或福利機構計畫（如研究或產學合作）中的當事人，常常不清楚自己的權利，甚至對於療程、目標或限制不清楚，有時候計畫經費用罄之後，當事人就沒有受到必要的持續服務或轉介的機會，導致虎頭蛇尾、為德不卒，也讓當事人的治療效能受限。最好的計畫是連經費用罄後的善後都讓當事人很清楚，若無法做轉介動作，也應該提供可用資源給當事人。若治療師需要中斷治療（如休假、死亡），也要有預備動作或計畫，包含誰可以接收當事人與其相關檔案。基本上治療關係的誠實與真誠是最重要的，而最佳考量都是以當事人福祉為優先。

案例舉隅：隱私權

　　鳳芸，四十八歲，育有一子一女，近十年前被診斷出憂鬱症，也陸續在服藥，但是不滿意藥效，因此在一筆經費的資助下來接受諮商服務。阿傑是該中心的全職實習生，接了鳳芸這個案子。阿傑與鳳芸晤談三次之後，鳳芸的情緒開始有好轉，也感謝阿傑的協助。有一天鳳芸對阿傑說：「我可不可以錄音？」這個要求有點突兀，阿傑愣了一下問：「錄什麼音？」

「就是你跟我的談話。」

「為什麼？」

「因為我覺得你給我很大的力量，我沒來這裡的時候，也希望聽聽你說過的話。」

阿傑說他會請教督導，然後給予鳳芸答案。

可能牽涉的倫理議題

★一般情況下是諮商師或準諮商師為了讓自己更進步或督導之用而將諮商過程錄音或錄影，這都需要先得到當事人的知後同意才可以進行，也要事先說明錄音或錄影的目的，並且要確保內容或資料不會外流，這是基本的保密條款。

★諮商師也會擔心萬一錄音檔為第三者所用，可能會不利於當事人及諮商師，也違反了彼此之隱私權。

解決之道

（一）在本案例中，當事人鳳芸要求錄音，諮商師可能也會很意外，但是阿傑先問明了目的，這一點是很重要的。阿傑說要先與督導商量，這一點也做得很適當。

（二）諮商過程中的紀錄基本上屬於當事人，錄音的部分則牽涉到諮商師與當事人兩者，因此諮商師還是要強調保密的重要性，並簽署諮商師的知後同意，也提醒鳳芸相關的保密規定。

（三）當事人若保留錄音，諮商師也會擔心萬一未來治療關係生變，該錄音帶會不會成為攻擊或控訴諮商師的證物？若阿傑擔心這一點，也可以拒絕錄音，改採其他方式讓當事人留存，像是一些勉勵的話，或者是在晤談快結束時，將諮商師或當事人的摘要錄音下來，可以滿足當事人的期待。

（四）阿傑也可與鳳芸商議，將此作為家庭作業，請鳳芸就晤談內容做摘要或思考，以為下一次晤談的資料。

 知後同意（整理自Corey et al., 2011/2014, pp.146~149）

- 是分享的過程，諮商師提供適當訊息，讓當事人積極參與治療的賦能過程。
- 是達成協議、共同合作的過程。
- 有助於建立及促進治療關係。
- 增加當事人投入治療的意願。
- 設定界限、澄清當事人與諮商師關係的本質。
- 使用書面或口頭告知。
- 可減少治療師被訴訟機會。
- 當事人對治療程序及可能結果有適當資訊是有效治療的條件。
- 知後同意內容包含：何謂治療、治療如何進行、治療者之理論取向、替代選擇、晤談安排、保密、費用、申請保險程序與照護管理政策。

單元 8 知後同意（續二）

　　除了具暴力危險性之當事人之外，其他有關法定傳染疾病（如愛滋、SARS）、當事人或有人可能會受到傷害的情形，治療師除了保密限制，還會面臨是否通報的問題。有些通報是強制性的、要不然就會違法，有些通報可能會違反倫理原則（如保密、洩漏隱私權、破壞治療關係），諮商師該怎麼做決定？這些也都需要讓當事人知道治療師接下來會怎麼做（也就是「知後同意」）。

　　通報的時間可以做調整，不一定就要馬上通報，當然治療師需要負起全部的責任。有時候考慮到與當事人治療的進度，若是立即通報，勢必會傷害到治療關係或當事人持續諮商的意願，因此有時就可與當事人商議，在諮商師正式通報之前可以先採取哪些行動？過一段時間後，才進行通報作業。像是被檢驗為陽性的 HIV 當事人，諮商師先了解當事人是否有固定的性伴侶？當事人是否做了防範措施或告知其性伴侶？若當事人無固定性伴侶，可以怎麼做以防堵疾病之傳染？接著也要清楚地告知當事人治療師有通報之法定責任、諮商師接下來會怎麼做等。若當事人透露了犯罪相關事實，而且確知有人目前正在受害，

諮商師不能知情不報。但是要如何處理與當事人之間的保密與信賴關係？如何保護其他相關人物或財物的損失？若未成年當事人在使用藥物，也提到幾位同儕都在使用，學校諮商師該如何處理？諮商師若是知道有人可能受傷或受害，在知情的情況下沒有作為似乎是不恰當的，況且治療師對於可能受到傷害的當事人與其他人有危機預警的責任，這一點可能與當事人之保密協定或隱私權等（保護當事人）有所扞格，因此也需要在諮詢及審慎思量後做決定，同時切記要記錄、記錄、記錄，盡量讓傷害及自己的法律責任減到最低（Corey et al., 2011/2014, p.214）！

　　通報的行動有時候會受到機構或學校政策的影響，因此諮商師也需要了解自己執業機構對於通報事項的規定與流程。有時候通報會受到上司（如校長）或其他人（如當事人或家長）的阻撓，讓通報不能完成，諮商師基於維護當事人或其他人的安全與福祉，諮詢資深同業或法律人，若權衡傷害極大，甚至可透過其他管道（如認識的社工或基金會）透露相關消息，或請其做適當干預或處理（當然諮商師需要負全責）。

小博士解說

　　治療師最困難的任務之一就是要判定當事人是否具有危險性。事實上，要判斷違反保密原則、及通知並保護潛在受害者是否合理，是非常困難的（Corey et al., 2011/2014, p.214）。

案例舉隅：通報

　　沈諮商師與當事人顏女士已經進行十次以上的治療。這一天顏女士告訴沈諮商師說她懷疑自己的妹妹有虐打兒子的情況，因為顏女士與外甥很親，有時候看見外甥身上被鞭打的傷痕，就覺得不忍，自己也跟妹妹提過無數次不要這樣對孩子。但是後來妹妹要她不要管自己的家務事，管教小孩是她的權力，顏女士礙於施虐者是自己的妹妹，不敢舉發她，只是也不知道該怎麼辦才好？如果你是沈諮商師，會考慮到哪些倫理或法律議題？會怎麼做？

可能牽涉的倫理議題

★ 有當事人以外的人受到傷害，而對方是孩子，沈諮商師勢必想要保護受害者，這是倫理守則上規範要治療師遵守的「若當事人或其他人可能受到傷害」，理應採取適當行動防止或預防可能持續的傷害。

★ 顏女士提出自己的為難，因為對方與自己有關係（妹妹與外甥），所以不敢舉發，她告訴諮商師是因為相信諮商師，但是沈諮商師也擔心萬一做了通報，會傷害到她與顏女士的治療關係。

★ 若諮商師知情卻沒有採取適當行動，是不是也是違法？

解決之道

（一）沈諮商師可以進一步了解顏女士妹妹的資訊（如住址或工作場所）、外甥姓名等，由她來負責通報與後續事宜。

（二）倘若顏女士拒絕提供相關資料，沈諮商師可以進一步了解除了勸誡顏女士妹妹的管教方法，有沒有其他長輩或她妹妹相信的人可以協助處理？有哪些方法？

（三）沈諮商師可以告訴或提供顏女士相關法律或資訊，請她提醒妹妹。

（四）沈諮商師也可將相關處理兒虐的機構或通報系統，讓顏女士知悉，她可以決定該怎麼做。

（五）沈諮商師可以詢問社工或法律人，這樣的情況可以進一步如何處理？

 諮商師未能保護社會大眾免受危險性當事人傷害，就要負民事損害之責（APA, 1985, cited in Corey et al., 2011/2014, p.215）

未能診斷或預測危險性

未能確認危險個體

未能警告潛在暴力行為的受害者

過早讓危險性當事人出院

單元 9　發展非諮商的關係或角色：雙／多重關係

　　既然治療關係攸關諮商的成敗，因此維持單純、有效的諮商關係是非常重要的。諮商師不與當事人發展治療以外的關係，像是戀情、性關係、商業關係等，即便與以前的當事人或其家人都不能如此。ACA 還特別規範諮商師不能夠與當事人或其家人有虛擬的網路關係，諮商師也不應與過去的情人或發生過性關係的人有治療的關係，與目前的當事人及其家人在治療關係正式結束後的五年內，也不能夠發展諮商之外的關係，因為這樣的關係容易剝削當事人權益或福祉。只是五年的規定似乎還是不清楚，因為當事人或許還會捲土重來、繼續尋求協助，那麼所謂的「正式結束治療關係」似乎很難定義，最好就是不要發展治療外的其他關係，因為多一層關係、多一層麻煩，容易不小心踩到倫理的地雷。雖然諮商師難免需要跨越界限或角色，但是這些情況也都需要謹慎處理，因為在諮商過程中，諮商師是負責維護與注意界限的人，因此儘管當事人逾越了那條界限，諮商師必須要秉其專業、做好自己的角色，不能隨當事人起舞。

　　雙／多重關係是指諮商師面對當事人時扮演一個以上的角色（如諮商師與教師、諮商師與朋友）。基本上治療師要盡量避免與當事人之間有治療以外的關係，主要是因為治療師的地位與立場是較為權威（有權力）、被仰賴的，容易剝削當事人或誤用權力（Herlihy & Corey, 2006）。雙／多重關係影響諮商師的判斷力，也未能提供有效的服務，因此諮商師必須要負責任地使用其權力、是可信賴的，同時尊重當事人的尊嚴與自由，有足夠的專業知能與判斷力、提供有效的服務（Herlihy & Remley, 2001）。

　　倘若治療師以私利為出發，自然就會賠上當事人的福祉，因此應該盡量避免雙重或多重的關係，特別是性關係。女性主義治療師沒有特別限定治療關係之外的發展，是因為此取向的治療目標是讓當事人也可以發揮力量、成為改革社會的一分子。然而有時候受小社區（包括學校）的限制，治療師同時也可能是教師、督導或是社區裡（如教會、家長會）的成員，身兼多重角色，這樣的雙重或多重關係就很難避免，因此治療師本身要負最大的責任、為適當的「界限」把關，最好的方式就是對自己誠實、自我檢討治療師行為對當事人的影響為何（Corey, et al., 2007）。

　　Corey 與 Corey（2011）還特別提到「界限違反」與「跨越界限」不同，前者是指傷害當事人的福祉、也是法律上所不允許的行為（如性關係或性騷擾、性侵害），後者是指「暫時」「跨越」角色的行為（像是治療師去參加當事人的畢業典禮、給予支持），是可以有程度地允許，當然這涉及諮商師的判斷力，因為萬一結果不如預期，可能會吃上官司。

小博士 解說

　　對於治療中的非性關係裡，「觸摸」或「擁抱」可能具有療癒性。在美國，擁抱可能是在治療結束時當事人表示感激或說再見的意涵，對於若干族群（如年幼者或正在哭泣的當事人）而言，觸摸或擁抱可以安撫或表示同理。這些身體接觸最好是符合社會文化與當時情境，治療師也可先徵詢當事人之同意。

案例舉隅：雙／多重關係

方主任打電話給吳諮商師，提到自己妹妹家裡的情況，說外甥女突然不想去上學，因為在學校發生了一件事，結果現在她妹妹班也不能上，常常隔天要請假陪女兒，偏偏與女兒同校的另一個孩子也不去上學了，讓她極為頭痛，可不可以讓吳諮商師跟她妹妹談談？吳諮商師說這樣恐怕不方便，有關係就很難釐清一些事情，因此想要轉介給其他諮商師，但是方主任堅持，因為她只認得吳諮商師，何況彼此有業務上的往來。吳諮商師只好答應，見見方主任的妹妹。方小姐依約帶著女兒前來，吳諮商師發現孩子之所以不去上學，可能不是因為學校的突發事件而已，因此請方小姐盡量下一次讓全家都參與諮商，這樣才好釐清事實並做處理。第二次方小姐的先生（蔡先生）也出席了，吳諮商師在走道上看到他們一家三口的互動，感覺很不尋常，因為夫妻倆對待彼此真的太客氣了，連女兒的紙巾掉了，彼此都讓著要去撿。吳諮商師心裡有了底，在晤談中間請方小姐與孩子先避開，直接問蔡先生：「你們夫妻感情如何？」吳諮商師只是預測孩子不上學可能有其他附加利益，她是站在較為生態的觀點來看問題。沒想到蔡先生暴怒：「我太太到底跟你說了什麼？」然後拂袖而去！

可能牽涉的倫理議題

★方主任因為認識吳諮商師，所以請求協助，嚴格說來彼此沒有關係，但是因為有業務往來，還是有公務上的關係存在，這也可以勉強說是有雙重關係。

★方小姐與孩子之前先來做諮商，蔡先生不知道妻子跟諮商師談話的內容，然而當吳諮商師邀請其談論夫妻關係時，蔡先生就勃然大怒，可能是因為家裡私事不應向外人道，再則就是夫妻感情的確有問題，他擔心妻子先來爆料，有損其形象或顏面、或擔心諮商師偏袒。另外蔡先生可能認為吳諮商師想要將孩子不去上學的責任歸咎給他，這些都可能是他暴怒的原因。依此看來，蔡先生懷疑妻子向諮商師爆料，讓他處於較為弱勢的立場，也擔心諮商師不公正。這其實也是諮商師同時做個人諮商及配偶治療可能會發生的情況。

解決之道

（一）吳諮商師可以先說明諮商過程，也簡單介紹上一次晤談的內容，然後在必要時請方小姐夫婦留下來一起談談，而不是單獨與蔡先生談。

（二）當然，因為孩子需要陪伴，所以方小姐與孩子離席，才留下蔡先生一人，蔡先生與妻子可能感情不睦，因此也擔心被妻子或諮商師起底。

（三）吳諮商師可以談到家庭系統與裡面的成員之間的關係，孩子如何因應家庭危機、想要看到怎樣的家庭樣貌等。

（四）即便蔡先生可能已經不會再出現，吳諮商師可以用書信方式做說明，讓其可以了解諮商之運作，未來有機會再使用諮商服務。

（五）或許無法說服蔡先生其妻沒有對諮商師提過夫妻關係，但是諮商師的態度很重要，為了他們共同孩子的福祉著想，要繼續讓孩子做治療，夫妻彼此也可以學習如何協助孩子發展得更好，適當的轉介是必要的。

 雙重關係的影響（取自牛格正、王智弘整理，2008，p.181）

違反知後同意原則	扭曲治療關係	個人與專業需求不明	
破壞基本信任	違背治療者角色	妨礙治療過程	可能造成利益衝突
治療者失去客觀性	妨礙專業判斷	權力誤用	諮商目標落空

單元 9 發展非諮商的關係或角色：
雙／多重關係（續）

諮商師基本上也不會擔任自己親友的治療師，因為這樣對諮商師的專業聲望與可信度損害最大。試想諮商師的妹妹因為婚姻問題請教諮商師，對於諮商師所給予的建議會遵循嗎？若是諮商師的分析與解釋不符合其期待，是不是連原本的關係也受到影響？許多人很高興自己的親友是醫師、護理師、諮商師等，畢竟會希望在需要時都可以藉由關係來打通一些環節（如喬病床）或享受優待（可以免費諮詢），但是因為有這一層關係，可能會妨礙專業人士的客觀判斷力（了解太多）、情緒（如醫師不敢給自己母親執刀），或是影響其實際行為（不敢說太多、或只說實話）等；然而若諮商師將親友轉介給其他諮商師，親友會不會覺得不夠「朋友」或諮商師根本不願意幫忙？

諮商師若是在小社區，像是牙醫的妻子是自己的當事人，看到牙醫時會不會想到其妻所揭露的「家事」？若當事人以服務（如修車）交換諮商費用，可不可行？倘若當事人與諮商師是教友，教友常常請教諮商師一些私人議題，又該協助到哪個程度？因此說「多了一層關係，就多了許多的複雜度」。諮商師是為彼此關係界限把關的人，維持彈性合理的界限，的確考驗著每位諮商師。

偶而有些雙重關係的確存在，像是大學校園內，諮商師可能同時是授課教師，因此學校的諮商中心可能要先過濾學生，不要讓上課學生同時接受教師的諮商，或者是在填寫晤談表格時特別先提醒學生，但是有時候學校人手不足、學生又迫切需要教師的諮商服務，此時教師就要特別留意：在這樣的雙重關係底下，會遭遇哪些兩難之境？若遇到任何問題，也都要事先提出來與當事人討論或商議。在國中小校園，輔導教師同時擔任授課教師也所在多有，像這樣的雙重關係，輔導教師在進行諮商工作時，就要特別小心。

諮商師若同時擔任個人諮商與配偶／團體治療的諮商師，更容易碰到角色衝突與其他議題（如保密、治療關係），因此要接案前需仔細評估其利弊，能避免就避免，若真無法避免，就要很清楚自己的專業界限及保密問題。

儘管各學派基本上會建議不要有治療以外的關係存在，然而有時卻不可避免，況且現在諮商師還需要走入社區、提供外展服務，因此也讓諮商關係更為複雜。即便有學者認為偶而「跨界」一下是可以的，但是諮商師還是做這個決定的最終負責人。女性主義治療不排斥治療以外的關係，因為諮商師相信當事人也可以成為改變的能動者或倡言者，大家有志一同、一起努力，會讓改變更容易成功。在這樣的情況下，諮商師更需要有明智的判斷能力，不僅是在做出跨界決定前，先仔細分析思考這樣做的優劣點，若能夠有同儕或督導商議，自然可以協助諮商師做更好的決定。

Herlihy與Corey（**2006, pp.191~194**）在雙／多重關係上特別提醒諮商師

❶ 多元關係幾乎影響所有的心理衛生執業人員

❷ 大部分的專業倫理都會提醒該領域的成員小心雙重關係的形成，但是卻沒有進一步知會這些關係的複雜性

❸ 幾乎沒有絕對的答案或方式可以解決多元關係的難題

❹ 不是所有的雙重關係都可以避免，也不是所有這樣的關係都是有害的

❺ 多重角色關係挑戰我們的自我監控能力，以及檢視我們執業的動機

❻ 在決定進入多元關係前，要先考慮其潛在益處是否多於害處

❼ 不論何時，當我們考慮要進入多元關係時，最聰明的方式就是去諮詢信任的同事或督導

❽ 當決定是否進入多元關係時，應以當事人或所服務對象的福祉為考量，而非保護治療師自己

❾ 諮商師教育訓練課程應介紹界限議題，並與學生探討多元關係的議題

❿ 諮商師教育訓練課程或機構有責任發展出一套屬於自己的原則、政策與過程來處理課程內多元關係與角色衝突的問題

 諮商中可能有的界限問題

? 害怕當事人太依賴諮商師

? 諮商師希望當事人以諮商師的意見為意見

? 諮商師太常「跨界」

? 諮商師違反倫理的界限（如與當事人有性關係、不適當的社交關係、買賣行為等）

? 諮商責任沒有適當轉移（從諮商師身上到當事人身上）

➕ **知識補充站**

　　人際之間的無形約束就是「界限」，中國人的「倫常」指的就是這個。諮商師永遠是那位需要負責把關的人，雖然有時候會碰到當事人想要更靠近、或是滿足其需求，諮商師不要忘記「諮詢、諮詢、再諮詢」。

單元 10 發展非諮商的關係或角色：社交或其他關係

　　諮商師也不宜與當事人發展社交或其他的關係。所謂的「社交」關係可能是在治療之外，參與一些與治療無關的聚會或活動。在一些情況下，諮商師可能需要「延伸」界限，像是參加當事人的畢業典禮、拜訪當事人生病的家人、或者是親自到重度憂鬱症患者家探視或晤談，諮商師需要採取適當的行動來確保這樣的界限延伸不會妨礙治療關係或損害了諮商效果。

　　諮商師不應該與當事人發展親密關係，或擔任以前的戀人／有過性關係之當事人的治療師，因為有失公允、容易不小心就妨害了當事人福祉。治療師與當事人在專業接觸後五年內，不可與當事人或其家人發展親密關係（不管是實質上的或網路上的虛擬關係）。然而這樣的規定很難定義，因為有些當事人在需要時還是會持續使用諮商服務、或來找諮商師，所謂的「最後一次專業上的接觸」，真的很難設定，因此最好就是不要有機會發展這樣的關係。但是人與人接觸、本來就是有連結，不少人在遭遇困境時碰到諮商師，就像是滅頂前抓住一根浮木，對治療師倚以信賴，那種被認可與了解的感受，經常會被誤認為「好感」，加上諮商師的態度又是溫暖、接納，可能就容易有移情現象產生。諮商師自身若把持不住、或是喜歡被人推崇仰慕，很容易就破壞了治療界限，造成當事人的傷害，也失去了自己專業的立場。

　　諮商師原本擔任個別諮商師，後來又擔任當事人在其中的團體領導者，較容易涉及保密議題與界限倫理，像是不小心透露當事人在個諮時所談論的內容、或是讓其他團體成員覺得諮商師與某位成員的關係較親近等，這些也都會影響成員間信賴度與妨礙團體凝聚力的形成。美國諮商學會甚至規範到萬一諮商師的角色改變，也需要知會當事人（A.6.d.），像是從家人變為諮商師、衡鑑角色變成諮商師、從諮商師變成協調者（如我國諮商師可能也從事法院的家事協調者），若是當事人有疑慮都可以做變更。

　　諮商師若要擔任當事人的代言或倡議者，也需要取得當事人的知後同意，像是為受虐的當事人發聲，或倡議系統、法律或政策的改變，在這些情況下，諮商師對當事人的角色已然改變。

　　女性主義治療者認為諮商師的功能之一是賦能當事人、讓當事人有力量，所以當事人也為自己發聲、成為代言或倡議者以造成改變，因此不會特別限制諮商師與當事人發展（除性或親密）治療以外的關係，倘若諮商師與當事人同屬一教會或社區也不需要刻意避諱，諮商師可以與當事人同樣為弱勢族群的福祉一起努力！唯一需要記住的是：不發展治療以外的關係，是擔心傷害或剝削當事人，而諮商師永遠是那個需要為界限負責任的人。

案例舉隅：界限

　　小莉是宋諮商師以前工作過的當事人，宋諮商師陪伴小莉度過了一段很艱難的時間，現在小莉終於畢業，也找到一份不錯的工作，因此特地回來邀請宋諮商師到她的租屋處參觀，希望分享自己的喜悅與榮耀，也感謝宋諮商師當時的陪伴與傾聽。小莉曾經告訴室友自己的故事，因此室友知道宋諮商師。宋諮商師依約到小莉的住處，也見到了她的室友，室友很熱情接待，同時開口說：「我也可以找妳做諮商嗎？」宋諮商師該如何做，才能夠避免可能的倫理議題？

可能牽涉的倫理議題

★小莉邀請之前合作過的諮商師到住處，雖然治療關係已經結束，然而還是牽涉到一些界限問題，因為目前兩人已經非諮商關係，諮商師可不可以跨越那道界限？與當事人發展另一種關係？

★小莉的室友聽了小莉的故事，也希望找宋諮商師協助，這樣的「轉介」可能會有一些問題。

解決之道

（一）小莉邀請宋諮商師到自己住處，是為了讓諮商師看見自己現在過得很好，部分也歸功於諮商師。就這樣的理由來看，宋諮商師可以暫時「跨界」一下，到小莉的住處參觀，同時不要忘記告訴小莉，這都是她自己努力堅持的結果。

（二）就人情義理而言，小莉表達自己的感謝之意、同時也展現自己努力生活的成果給諮商師看，似乎無可厚非。然而一旦跨越過那界限，小莉會不會對宋諮商師有其他期待（像是可以隨時諮詢諮商師）？宋諮商師要表明自己的立場、可做與不可做的，回到自己的專業位置。

（三）小莉的室友詢問與宋諮商師晤談之可能性，若宋諮商師經營個人工作室，或許很需要這樣的介紹方式，但是室友所談的議題如果牽涉到小莉，或是諮商師不小心洩漏了與小莉晤談的內容，可能就會有問題。諮商師既然已經認識小莉，若與和小莉有關的人士進行諮商，可能會有一些之前未考慮到的細節需要注意。

✚ 知識補充站

　　親朋好友或許很想要請教諮商師一些問題，就像醫師的家人一樣，有人是這個專業，彷彿可以得力許多，但是也增加諮商師許多困擾，界限問題的拿捏是其中最嚴重的。諮商師當然可以親朋好友的立場聆聽或給予建議，但是有無效果、對方聽了要不要去做，也是他／她的選擇，不必太在意。

單元 10 發展非諮商的關係或角色：社交或其他關係（續）

有些情況也會影響到治療關係，像是諮商收取費用，比較像是以專業換取實質的回饋，而當事人付費也表示其願意為自己的治療負起責任。雖然諮商師也有社會責任、也可以擔任義工服務，但適用於其他特定場合，而非自己的工作場域。當事人或許因為經濟與所處地區風俗民情之故，用以物易物的方式來付費諮商，治療師應不應該接受？倘若這樣的方式不會傷害或剝削當事人，也許可以採行，但是諮商師必須要與當事人商議相關細節、並簽訂契約，而且要將事情始末記錄下來。倘若當事人是以服務來交換諮商服務呢？像是修車廠技術人員以修車服務來付諮商費用？但是是否兩種費用直接相抵？或者是當事人無法一次付清諮商費用，而以分期付款的方式？若諮商師是在機構底下工作，可能公司會有政策規範，因為心理中心也需要衡量當地居民的經濟情況與文化，做適當的費用調整（像是都會區與較郊區的鄉鎮，諮商服務的收費應該有區別，或者是依照當事人經濟情況做調整），有若干優惠。美國將身心健康視為一體，因此即便是政府福利政策下照顧的民眾，以二十多年前的德州為例，健保也都享有一年三十次左右的免費諮商（政府單位付費），對於經濟弱勢者是相當好的照顧，因為一般人在經濟困境或身體違和的同時，心理上也受到連帶影響，需要同時關照。我國有幾家精神醫院也以健保掛號方式看診，只是對象不受經濟情況的限制。

以物易物，或以勞務換取治療，在做類似的決定之前，最好與當事人說明清楚、並做記錄，訂立彼此都可以接受的條件，執行時間限制也要列出；然而有些牽涉到其他關係，或與治療師的家人有關的服務（如擔任保母工作、按摩等），就應該避免。

此外，若諮商師受到當事人的性吸引，甚至想進一步發展社交或親密關係，這些議題在諮商師培育課程中極少被提起，雖說也可能是治療師反移情的一種，但是最終的責任所在還是諮商師。因此諮商師需要很敏銳覺察自己的感受、監控自己的感受，必要時做諮詢與治療的動作（請見右圖）。

一般的專業倫理提到治療師與當事人的界限，最嚴重的應該是與當事人發生性關係，美國許多治療師也因而失去執業執照。但是在我國這樣的性剝削的確存在，只是當事人迫於諮商師或督導的威權、擔心自己受害事實被攤在陽光下等因素，不敢揭發。有關權力位階與不當性關係，會在後面的單元做較詳細的說明。此外，數位時代的今日，當事人可能會向諮商師要手機號碼或是想加入臉書，這又衍生了另一個界限議題，諮商師最好不留私人通訊方式給當事人，讓當事人加入臉書也要謹慎考量，因為「多一層關係就多一層複雜度」，處理起來就更不容易。

勞動或物品（勞物）交換的倫理守則
（整理自Corey et al., 2011/2014, pp.269~274）

 應該在文化背景下做評估。

 勞物交換要簽署合約、明確陳述當事人與治療師所共同同意的內容，並且要定期檢視。

 雖然勞物交換在倫理或法律沒有禁止，但大部分法務專家都對此不以為然。

 有身體接觸的勞物交換（如提供按摩）或讓其他家人涉入（如照顧孩子），應極力避免。

 以服務交換治療帶來的複雜性較之與當事人做物品交換，有更多隱藏的問題。

 進行勞物交換之前雙方應討論細節、清楚了解交易內容、並都同意這樣的做法，也要討論可能產生的問題，以及評估替代的方案。

和當事人直接討論在實務情境中進行勞物交換的利弊，持續進行諮詢與討論（特別是關於界限與雙重角色的議題），記錄這些資訊內容與時間。

 處理諮商師對當事人的性吸引力（Jackson & Nuttall, 2001, cited in Corey et al., 2011/2014, pp.283~284）

學習辨識性吸引力，也以建設性與治療性的方式處理這些感受

練習檢查和監控對當事人的感覺和行為

了解對當事人有性吸引力和行動之間的差別

當性的感受已經模糊客觀性時，應該要終止治療關係

在個人遭遇失落和危機時，尋求專業支持

了解當事人和諮商師有性活動時，可能產生的不良結果

當事人對你性騷擾時，建立與保持明確界限

✚ 知識補充站

　　美國與我國在諮商師培育過程中較少提及對於當事人的「性吸引」部分，除了要求諮商師需要自我覺察與管理之外，似乎沒有討論到該如何因應，治療師最好尋求諮詢、治療，但不宜在諮商室裡對當事人作受到吸引的自我揭露。

單元 11　發展非諮商的關係或角色：收受禮物

發展專業治療以外的關係都與界限問題有關，而諮商師永遠都需要負責界限的維護與安全。一般的專業倫理較少論及的兩點是饋送／接受禮物，以及治療師對當事人有性感受或吸引力的部分，這些都可能改變治療關係、為治療關係平添變數。

諮商師該不該贈送當事人禮物？如果只是一些資料的提供，或是作業需要（如筆記本或書籍），看似無關緊要，但是需要顧慮的是諮商師這麼做的動機為何？當事人可能有何想法？若當事人誤解其意，就有必要說清楚。此外，還需要考量場域。在一般學校裡，輔導教師或諮商師偶而會祭出一些小禮品，作為給學生的酬賞，或者是鼓勵學生進步、往諮商目標前進的獎勵，甚至是學生成功改變行動的標記，這些似乎無傷大雅、也有其必要性。然而，諮商師還是要特別注意與檢視背後的動機，像是為了討好當事人？希望當事人繼續前來？為了其他目的而誘引當事人？

許多當事人在諮商關係要結束時，可能會贈予諮商師一些禮物，治療師該不該接受當事人的禮物？有許多需要考量的因素，通常會以文化習俗的情況來做考慮，但是也要留意其他條件（像是禮物的價格、對治療本身的影響，或者可能會改變治療關係等）。

倘若是在治療過程中，當事人經常送諮商師禮物，儘管禮物價值不高、也符合當地的風俗民情，諮商師都需要考量可能的不良後果，同時要評估當事人贈予禮物的動機（如討好治療師、反映其人際關係的型態、其他需求等），當然諮商師也要清楚自己收受禮物的動機為何？

諮商師該不該接受當事人給的禮物？饋贈禮物表示尊重與感謝，在有些文化是被允許的，治療師收受當事人的小禮物，也表示接受當事人的感激之情，然而能夠接受的禮物還是有其限度，像是價格上不要超過一定額度。有些當事人會自己製作一些手工藝品（較個人化）給諮商師，諮商師接受其贈禮，一來是接受其感謝之意，二來也是看見當事人的能力與成就，只不過有些手工製品價格昂貴，諮商師需要說明不接受的理由、讓當事人清楚。有些諮商師的做法是很明確說明婉拒任何禮物（或是只接受卡片），雖然可能有些不近人情，但是把專業界限踩得很緊，比較不容易衍生是非或爭端，因此為了避免非議或違反倫理，最好的方式是在諮商契約書上做說明。

小博士解說

諮商師是否接受當事人贈送的禮物，需要考量：治療關係、禮物之實際價格、當事人的動機，以及諮商師的動機。

案例舉隅：界限

　　周諮商師擔任某私人心理中心的團體領導者邁入第二年，她所帶領的女性成長團體極受歡迎，該機構因此要求周諮商師帶領初階與進階的團體。周諮商師發現進階團體的成員有些是從初階的團體中來，其中一位年逾五十的賴小姐，此次還特別告訴周諮商師，她的女兒也報名參加了初階團體。團體要結束之前，成員們討論要如何進行最後一次團體，大家決定先將給彼此的卡片寫好，等到最後一次團體的最後三十分鐘，可以交換與分享。周諮商師認為這樣的結束儀式不錯，表示也會參與卡片的撰寫。

　　最後一次團體以很溫馨的方式結束了，成員彼此也都收到了其他成員們贈送的卡片，賴小姐突然從門外拿了一大束花，直接送到周諮商師面前，周諮商師有點愣住，因為她認為之前自己與成員談過禮物的問題、自己也只接受卡片，但是賴小姐執意要送出花，她說她參加團體受益良多，不僅讓自己的生活獲得改善、也認識了許多朋友，但是一紙卡片不足以表達她的感謝，所以無論如何要周諮商師接受。如果你是周諮商師，該如何因應？

可能牽涉的倫理議題

★這涉及諮商師收受禮物的問題。諮商師該不該接受當事人贈送的禮物，需要考量彼此間的關係、當事人與諮商師的意圖、還有禮物的實質價格。

★贈送禮物也涉及文化的議題。在我國，贈送禮物表達謝意似乎是文化的一部分，接受禮物就是接下對方的感激之意。

解決之道

（一）即使周諮商師已經言明自己不接受禮物，但是賴小姐出乎意料的送花舉動，似乎違反了當初周諮商師所聲明的，而且在大家都在場的時候，若是直接拒絕似乎也讓賴小姐立場難堪，但若接受，是否違反了諮商師當初所說的話？

（二）周諮商師可以再度重申之前不接受禮物的聲明，但是感謝賴小姐對她的信任，諮商師也很高興賴小姐的生活更好，這其實歸功於賴小姐的努力與成員的陪伴及支持。

（三）周諮商師接著可以問賴小姐：「可不可以把這束美麗無比的花放在中心的辦公室，讓所有的人都可以感受到花的美麗與其所代表的意義？相信對所有的工作人員與參與人員，都是很棒的鼓勵！」

 諮商師與當事人對禮物的不同想法（Corey et al., 2011/2014, p.275）

當事人（在其文化脈絡下的考量）　　　　諮商師（站在專業的立場）

表達尊敬　　　　　　破壞界限

表達感激　　　　　　改變關係

確認關係　　　　　　造成利益衝突

✚ **知識補充站**

　　只有在這些條件下勞物交換才合於倫理：當事人要求、不是臨床的禁忌、不是剝削、是完整的知後同意的約定（Corey et al., 2011/2014, p.272）。

單元 12 諮商紀錄與保持

諮商師應該記錄諮商過程與重要事項，以提供當事人最佳服務。紀錄與相關測驗或文件，應該在保全隱私的場所記錄、覽閱及保存，若需要錄音或錄影也應先取得知後同意，倘若有準諮商師或其他專業人員要在場或錄影觀摩（通常是為了訓練或治療所需），情況亦同。

當事人擁有其紀錄權利，也有權利取得諮商紀錄或影印本，倘若其紀錄是與他人共享的（如團體諮商紀錄），也應先將他人相關資訊掩蓋或去除之後，才交給當事人。

有些諮商機構的紀錄是由助理或他人協助鍵入電腦中，這些助理也應該對當事人紀錄做保密（包括鍵入資料時的隱密性與資料的維護）。諮商機構將相關紀錄電腦化，最好以密碼鎖住，以防他人不慎看見或閱讀。倘若有合作團隊或法院命令，需要透露紀錄內容或取得紀錄，也都應該取得當事人或其監護人之知後同意。

紀錄需要儲存在秘密安全的處所，諮商與相關紀錄若要銷毀也要注意（通常是治療結束後七年，與納稅保存期限相同），特別是與法律有關的案件，如自殺（傷）、兒童虐待、性虐待或暴力，因為可以回溯調閱紀錄。國內沒有特別規範紀錄保存年限，諮商師或機構最好將紀錄保存七年以上，再行銷毀。若諮商師停止執業、失能或死亡，諮商紀錄之銷毀、轉移或保存也都需要注意細節。

諮商師對於個案的紀錄可以寫成「個案報告」的摘要形式，以提供下一位諮商師參考，當然這個「個案報告」也是屬於當事人的。有些治療師會以臨床報告的方式在研討會或例行的個案會議上分享或討論，這些也都需要事先知會當事人，而所列印或傳輸的資料，也要確定在討論後銷毀，不能攜帶出場或挪作他用。個案報告時，有關當事人的一些可辨識身分之資料（如姓名、職業），也應該消除或掩飾。「個案報告」很重要的一部分是針對當事人議題所使用過的策略、有效無效的檢討，以及未來諮商的可能目標，這些都應該列入，可節省當事人與後續諮商師的時間與心力（像是不需要重述故事或事件、無效且試過的方式有哪些）。

諮商師所保持的紀錄有時候可以成為訴訟或法律證據，像是碰到當事人打官司、爭取孩子之監護權，或者是當事人指控諮商師執業不當、違反其利益。諮商師在碰到危機事件時，更要特別記錄下來，並維護紀錄的安全，因此若面臨可能的危機事件時要謹記：「記錄記錄記錄、諮詢諮詢諮詢」！諮商師也應該要考慮：萬一自己不執業或死亡時，這些紀錄該如何處置？

小博士解說

雖然諮商專業倫理是為了維護與提升社會大眾對此專業的信賴與聲望，但是也有學者認為倫理規範其實是為了要保護諮商師本身，而非當事人。

案例舉隅：當事人紀錄

小和經由班導轉介來到輔導室，小和因為這學期轉學過來，有點適應不良，以前的朋友都不在身邊，有時候班上的一些同學還會欺負他這個新來的，他就覺得很不快樂。輔導老師陳老師簡單介紹了輔導室的功能、小和與輔導老師的角色，也強調了保密與例外，接著就對小和的故事進行了解。

陳老師在整個談話過程中，看見小和慢慢放鬆自己、也自然流露情緒，但是也瞥見小和偶爾會瞄瞄陳老師手中所寫的東西，於是就暫停下來，詢問小和的擔心，小和說：「妳在寫什麼？我可以看嗎？」陳老師說：「當然！」就把紀錄紙拿給小和看，字跡較潦草的部分也會唸出來。陳老師這樣的做法如何？

可能牽涉的倫理議題

★這涉及當事人的諮商紀錄，以及誰能夠看到這些紀錄。

★小和是未成年、受家長監護，因此家長或導師也可能要求了解諮商過程或內容，陳老師也要考慮呈現哪些內容給班導或家長知道。

解決之道

（一）即便是未成年的孩子，也有權利知道諮商師在紀錄裡寫了什麼，因為這些紀錄是屬於當事人的。

（二）小和要求看紀錄是他的權利，諮商師也可以跟他談他的擔心是什麼（像是有誰會看到、裡面說的如果被知道會有什麼不良後果等）。陳老師除了讓小和了解紀錄內容，以及誰會看到紀錄之外，還可以與小和討論哪些內容或用詞不需要呈現出來，甚至念一遍給小和聽聽看。

（三）家長若想知道孩子的治療情況，諮商師不需要展示完整資料，以口頭摘要或是另外寫一份重點紀錄給家長或導師看即可，因為學生或許會抱怨家長或老師不公，這些諮商師都可以用較為中性的字詞替代，像是學生認為班導故意找他麻煩，諮商師可以轉述為「人際議題」，因為真實赤裸呈現的後果更嚴重。

 諮商紀錄（整理自Corey et al., 2011/2014, pp.156~160）

- 以描述性、非評價的方式撰寫
- 提供治療師回顧處遇內容之歷史
- 目的為：提供高品質服務、維持服務的一貫性，是提供合宜照顧的證明
- 在面臨訴訟時提供諮商師自我保護
- 防止不當執業
- 進行轉介時，有助於持續照護
- 沒有紀錄，治療就沒有發生

✚ 知識補充站

關於當事人的專業紀錄應以描述性、不具評價的方式撰寫（Corey et al., 2011.2014, p.156）。

單元 13 諮商師的專業責任

諮商師的專業責任包括提供受過適當訓練的有效服務、持續增進專業知能、保護與服務當事人、維持適當專業界限、為弱勢代言或倡議改變。諮商師受過正統的專業訓練，提供能力可及與適當有效的服務是基本的專業責任。諮商師受過專業教育與訓練，且在督導的引領下熟悉臨床實務，因此要很清楚自己的能與不能，並讓專業知能與時俱進。

諮商師在碩班受訓的專業教育是針對一般成人的諮商服務，較無特殊取向（如不同學派）、議題（情緒問題、心理疾病、霸凌等）或是族群（如兒童、青少年、身心障礙、性取向）的訓練，因此需要諮商師增進自己的臨床經驗或是刻意尋求進修管道（不限於專業所規範的繼續教育），讓自己能更有效地提供協助給所服務的當事人，所以自我覺察、反思與進修是很重要的。

諮商師應該謹守專業分際，以公允、非歧視的態度面對當事人，同時與大眾及其他專業人士維持公開、誠實、確切的溝通，接受諮商師公會專業倫理的約束、提升專業形象。諮商師為當事人與弱勢代言、倡議公平正義的社會改革，以增進大眾身心健康與生活品質為責任，並排除可能的障礙。

諮商師從事的工作是協助當事人提升其生活與生命品質、身心靈健康，因此要謹守專業倫理，且不以履行最低的專業倫理為滿足，必要時隨時諮詢同儕或法律顧問。諮商工作是以實證為基礎的科學與藝術，不以金錢為追逐目標（因此有時也從事義工服務），並且將自身照顧好，才能有效貢獻其專業。

諮商師對外的廣告或招徠當事人的方式，不能誇大不實，倘若以先前的當事人作廣告，也都可能違反保密協定或侵犯其隱私權，因此要特別注意。諮商師若參與廣播節目、演說，或是在網路媒體上，提供其建議或意見時，要特別注意是否違反倫理原則、陳述是否有所根據。諮商師若提供諮詢服務，諮商師本身須具備諮詢資格，也要取得被諮詢者的知後同意。

諮商師若在機構工作，不宜將顧客轉介到其私人的心理診所或工作室（有利益衝突）。諮商師也不應該在諮商、教育、督導或訓練等場合，行銷其個人的產品（如書籍、錄音錄影、牌卡），然而若是在教學場合使用其著作之教科書、符合其教學目的者不在此限。

諮商師若與其他專業人士合作，之前所提到的知後同意、資訊分享、倫理行為的監督等，也都需要注意。

小 博 士 解 說

諮商師之所以被稱為專業助人者，基本上受過適當的專業訓練、取得合格證照，同時受專業倫理約束（但以提升專業道德為目標），目的是提升當事人身心靈健康與良好生活。諮商師不從事非自己能力範圍內的工作，當然在行銷上也以誠實為佳。

案例舉隅：教育與訓練

　　羅諮商師一向很好奇，也喜歡了解不同取向或新的療法，有一回在當事人的介紹下，去參與了某個治療團體。團體的主持人是位外國男士，因此身邊還有翻譯。羅諮商師當初是繳了兩百元的「觀摩費」，因此顧名思義她以為自己是來「觀摩」的，卻觀摩到令人驚嚇的場面。參與的人很踴躍，治療師剛開始徵求自願者，有位女士說自己想要了解與金錢的關係，治療師斥責道：「我才不管妳跟金錢的關係。」接著治療師繼續徵求自願者，另一位女士想要知道與家人的關係，於是治療師就延請一些跟隨幾場的義工分別擔任不同的角色、也解析他所看到的情況。後來這位自願者提說：「可是我感覺不是這
樣。」治療師很強硬地回道：「我看就是這樣！」拒絕再聽自願者繼續說下去。如果這位治療師屬於我國諮商師的一員，他可能違反了哪些專業倫理？羅諮商師可以怎麼做？

可能牽涉的倫理議題

★諮商師第一守則是「不傷害」，諮商師以斥責的語氣拒絕當事人，其態度傲慢，不是專業助人者應有的態度，而且也傷害了當事人。

★諮商師要尊重當事人的自主權。當事人想談與金錢的關係，這是當事人決定的，就應該尊重當事人，而不是以諮商師自己的意見或想法為宗。

★當事人對於治療師的解釋有疑問，但是治療師卻以自己所見的為主、不容許當事人辯解，這樣蠻橫的態度，彷彿治療師說的就是一切，不僅強加自己的解析及權威在當事人身上，也含有歧視的意味（認為當事人的議題不重要）。

★在治療中的所有事項（包含在觀眾面前演練、隱私權與保密），是否讓當事人知後同意？即便是在眾人面前將自己的議題展現出來，都應該事先讓當事人知道、且獲得其首肯才可進行，也需要叮嚀觀眾保密。但是觀眾並非諮商師或準諮商師，不受諮商師倫理之規範，因此無法保障其保密性。

★諮商師的治療方式或策略，應在其受訓及能力範圍內，而治療策略或方式也應是研究實證後的結果。

★該治療師是否以「觀摩費」方式收取費用？其招徠觀眾之廣告是否誇大不實？對於此治療方式的實證研究又如何？限制又有哪些？當事人與觀眾都應該被知會。

解決之道

（一）此位治療師非本國諮商師，也不受本國諮商師倫理的約束，公會或倫理委員會拿他沒辦法。國內不少民眾對於新鮮亮眼的（另類）治療常常會盲從，不管其是否具有實證研究效果，這樣的團體治療是否無法可管？還是相關單位敷衍了事？

（二）治療師的第一要務是「不傷害」，而且諮商關係應該是平等、平權，此位治療師高高在上、唯我獨尊的態度，絕非正統正派的治療師。諮商專業倫理也沒有規範這一條——碰到「另類」治療師，諮商師該如何因應？

（三）羅諮商師在現場應提醒該治療師相關的倫理與法律議題，雖其為外國人，也應當受我國法律之約束。任何類型的心理衛生專業人員都應以當事人的福祉為優先，更遑論傷害。

（四）諮商師應尊重與自己不同領域或理論取向的其他專業人員（甚至是廟祝或乩童），因為有時候也可能有合作關係，但是彼此之間維持適當的溝通應該是必要的。因此羅諮商師也應與該治療師溝通，提醒其當事人福祉的重要性。

（五）一般民眾可能不理解治療師的專業倫理考量，或許會認為這位治療師的特立獨行很酷，在場的羅諮商師也應提醒觀眾「不傷害」的重要性，也可諮詢相關的法律人，了解是否有法令可依循？

單元 14 諮商師訓練與轉介：合格諮商師

諮商師除了接受適當訓練、通過必要考試、拿到證照、接受繼續教育之外，諮商師對於自己可以提供的服務範圍與能力要很清楚（且時時精進、磨銳專業），必要時（如有利益衝突、雙重關係，或有其他專業人員可以為當事人提供更好服務、治療效果不佳或進度緩慢，以及當事人有必要接受其他服務時）要做轉介動作。諮商師在做轉介動作前，也需要讓當事人知道為何做轉介的理由，而且得到當事人之同意。

國內二十八所培育諮商師的學校，基本上所規劃的課程是符合諮商師資格考試的一些科目，以往有較多的基礎科目（如人類發展、社會學、人格心理學），目前已縮減不少，但其最重要目的還是培育有效能的專業助人者。多年前曾有人提議是否依照美國諮商師培育的課程（Counsel for Accreditation of Counseling and Related Educational Programs, CACREP）做嚴格認證與篩選，但是後來也無疾而終；有一年立法委員甚至想將諮商師資格設定在大學畢業，也因為諸多因素未能成案，而這些培訓的門檻，都需要給消費的社會大眾交代、提供有品質與專業的諮商師，因此不可不慎歟！諮商師訓練者（在校教師與實習督導）也都負有為準諮商師能力把關之責任，務期準諮商師未來可以提供合乎標準的服務給民眾。

諮商師對外所做的廣告或專長領域，基本上是經過政府或有公信力機構的認證（如不同學派的訓練機構），因為一般國內研究所的諮商師培訓課程都只是最基礎的部分，沒有針對某一族群、議題或理論取向做扎實深入的訓練，因此（準）諮商師可以針對自己有興趣的族群、議題或理論取向去做更深入的了解與訓練，讓自己成為這方面的專才。儘管國內無特殊取向或學派的認證機制，諮商師自己仍可以更深入熟悉喜愛的取向或理論，作為治療之基礎，但仍不宜以此對外做宣傳。最重要的是諮商師的繼續教育與進修，不僅可以跟上時代脈動，也是當事人之福。

諮商師對外的廣告或宣傳不宜超過自己能力及受訓範圍，也不能誇大療效，有些諮商師以市面上流行的牌卡（如塔羅牌）作為吸引顧客的點子，然而也要注意這些牌卡若無科學驗證基礎，是不能拿來做治療的，也應向顧客做說明。有些心理診所則是以不同的心理測驗來吸引潛在當事人，這也有風險，因為基本上測驗是要有適當目的才適合施行，而諮商師本身的測驗與評鑑能力、對特別測驗或量表的了解與解釋是基本條件，況且讓當事人做測驗是另一筆花費，也要得到當事人或其監護人之同意才可進行。

小博士 解 說

能力是一個逐漸養成的過程，許多諮商師都是從新手慢慢磨練成熟，因此準諮商師也不需要妄自菲薄。

案例舉隅：轉介

　　明成接受過衛生局一個計畫案的諮商服務六次，後來因為經費用完了，衛生局的王諮商師就轉介他到附近一所私人諮商中心。因為明成的議題已經是經年累月所造成，六次的諮商幾乎都還不能達到什麼明顯的效果，王諮商師轉介其到社區，也是基於當事人福祉之考量，然而私人諮商中心是收費服務、也不能棄明成於不顧，但是明成無法負擔諮商費用，於是諮商中心就請一位碩三實習生擔任明成的諮商師，因為實習生不需付費，也可以接案增長經驗。私人諮商中心這樣的做法如何？

可能牽涉的倫理議題

★衛生局的計畫提供免費諮商六次，但是又認為明成需要繼續諮商的協助，所以轉介其到私人心理中心，雖然轉介的動機是對的，卻沒有考量當事人的財務情況。

★私人心理中心接受轉介個案，但是因為中心本身是收費機構、不做免費服務，卻又不能拋棄當事人，因此找了實習生擔任諮商師，要讓明成從頭來，等於是讓其做實驗，之前的諮商過程、與諮商師建立的治療關係也都無法持續。既然知道明成的問題可能需要有經驗、甚至是能力足夠的諮商師協助，只因為付費問題而交給實習生，這並非站在當事人最佳權益著想。

★衛生局本身因計畫之故，在計畫中並未考慮當事人在計畫結束後的因應措施，也需要檢討。

解決之道

（一）許多的計畫如同古代的外科手術，只負責切割，經費用罄就停手、未顧及當事人權益與福祉，本案就是其中之一。完善的計畫應該要有善後的考量，甚至在計畫中就已經與其他心理機構商議好，要如何做適當轉介與接手。

（二）私人中心以營利為目標，倘若接到類似明成的案子，應該有標準作業程序，而不是臨時決定讓實習生接手。雖然私人中心豁免了「拋棄當事人」的倫理，卻沒有讓適當的諮商師接手，也違反當事人福祉。

（三）實習生有駐地督導，或許可以協助實習生，但是讓新手實習生接明成的案子，實習生的能力也是問題，加上明成之前所做的治療要從頭來過，不僅浪費時間與心力，對當事人也是一種不尊敬與敷衍。

（四）固然有些諮商師相信收費也是讓當事人負責的一種方式，然而當事人若無法支付一般訂立的費用，或許可以進一步協調付費方式或多寡，讓明成可以獲得需要的協助。倘若直接拒絕服務，也是未顧慮當事人福祉。

（五）替未能付費的當事人進行治療，也是「理想性」倫理的一部分，就如同諮商師可以固定或不定期地擔任義工一樣。私人中心可以讓資深諮商師繼續與明成工作，以明成可以負擔的方式，或甚至免費做諮商，亦可考量以不同服務方式（如團體、其他計畫經費或社會救濟方式）讓明成可以延續治療到一定程度。

 諮商師使用的治療方式

有理論基礎或
科學及研究依據

不使用具潛在危
險性的治療方式

若要使用發展中或新的治療方式（理論），應先知會當事人可能的危險、益處與倫理考量

單元 15 諮商師訓練與轉介：諮商師培育課程

諮商師的培訓基本上只是基礎能力的養成，也是政府要求考試的門檻，但扎實與深入的能力仍需要諮商師持續努力。諮商師的專業能力是要服務與保護當事人，而不是展現自己的威望或聲譽。我國諮商師培訓課程自民國九十一年以來，經過了幾次更動，必修二十一學分（如右表）的基礎課程，加上兼職與全職實習合格，才能夠參加每年兩次的高等考試（目前已改為每年一次），考試科目有六科（如右表），平均六十分及格。但是這些課程只是最基本的，許多不同科系學生選擇諮商所，卻期待在三至四年之內完成諮商師的準備，其實是很危險的想法。雖然一般系所會要求非本科系畢業的研究生下修一些基礎科目（如輔導原理、諮商理論與技術、助人歷程等），但是下修過後並不表示該學生已擁有基本的知識基礎，加上研究所基本上上課不是以傳統授課為主，而是以進階的論壇、研討與做研究報告等方式進行，對於基本諮商理論認識較不清者，通常會以較熱門或自己喜愛的理論為核心、缺乏扎實的了解，就一股勁地往前直衝。

碩二的兼職實習課程（課程實習），讓學生有機會將理論與實務做結合，但是許多實習機構還是站在保護消費者與實習生的立場，不會將較具挑戰性的案例交給實習生，而許多實習生將諮商當作是「談話治療」（talk therapy），以為與當事人在諮商室裡進行談話就是治療，殊不知裡面仍有許多竅門需要了解。還有研究生急著趕畢業，在碩三全職實習時就想要把論文趕完，有時不能兩者兼顧，影響其實習品質或論文進度，往往虎頭蛇尾、兩者均傷。送這樣的研究生出校門，也讓我們擔心受怕，因為諮商師的能力是要保護消費者，也因此專業助人倫理特別強調這一點。

實習課程其實就是為諮商師教育守門的最後一道防線，目前許多諮商師督導都是較具實務經驗的臨床人員，與在校督導也有誠實、真誠的互動，可以一起養成與敦促較有能力的實務工作者，但是有許多的精髓智慧，還是得靠諮商師自己的進修、閱讀、督導與研究，方能盡其功。當事人是諮商師最重要的導師，而願意持續進修、自我覺察與改變的諮商師，才是當事人之福。諮商面對的是一般的人間世事，諮商師也是人類社會的一分子，因此諮商師的進修不應受限於與治療有關的知識及能力而已，而是有興趣的、願意去了解的知識都可以是涉獵的範圍，有治療師研究《易經》、《老子》、幽浮或手機遊戲，這些也都可以是與當事人工作時的資料庫。

小博士解說

諮商師做個人治療的研究結果有：增進自我覺察與自我了解、增加對自己感受的開放度、增進人際關係、較少工作耗竭（Pope & Tabachnick, 1994, Linley & Joseph, 2007, cited in Corey et al., 2011/2014, pp.47~48）。

諮商師專業培訓課程

❶ 三學分
心理評量、測驗與衡鑑領域相關課程至少一學科

❷ 十二學分
諮商與心理治療（包括理論、技術與專業倫理）領域相關課程至少四學科

❸ 三學分
心理衛生與變態心理學領域相關課程至少一學科

❹ 三學分
人格、社會與發展心理學領域相關課程至少一學科

❺
駐地實習

注：上述一至四項，需合計七學科，二十一學分以上，每學科至多採計三學分。

 諮商師考照範圍與對應科目

考試範圍	課程科目
諮商與心理治療理論領域課程	★諮商與心理治療理論（研究或專題研究） ★諮商理論（研究或專題研究） ★心理治療理論（研究或專題研究） ★諮商理論與技術（研究或專題研究）
諮商與心理治療實務領域課程	★諮商與心理治療實務（研究或專題研究） ★諮商與心理治療技術（研究或專題研究） ★諮商技術（研究或專題研究） ★諮商實務（研究或專題研究）
諮商倫理與法規領域課程	★諮商（專業）倫理與法規（研究或專題研究） ★諮商（專業）倫理（研究或專題研究） ★諮商與心理治療（專業）倫理（研究或專題研究） ★心理與諮商專業倫理（研究或專題研究） ★諮商倫理與專業發展（研究或專題研究）
心理健康與變態心理學領域課程	★心理衛生（研究或專題研究） ★變態心理學（研究或專題研究） ★心理病理學（研究或專題研究） ★心理健康學（研究或專題研究） ★社區心理衛生（研究或專題研究）
個案評估與心理衡鑑領域課程	★心理測驗（評估、衡鑑、評量或診斷）（研究或專題研究） ★心理測驗與衡鑑（研究或專題研究） ★心理評量測驗（研究或專題研究） ★心理測驗與評量實務（研究或專題研究） ★心理測驗理論與技術（研究或專題研究）
團體諮商與心理治療領域課程	★團體諮商理論與實務或團體諮商理論與技術（研究或專題研究） ★團體諮商（研究或專題研究） ★團體心理治療（研究或專題研究）
諮商兼職（課程）實習領域課程	就讀碩士以上學位在學期間（非全職實習）之諮商兼職實習等相關課程科目

 治療深度的影響因素（林家興，2017，pp.43~44）

自願型當事人　自我揭露高者　願意投入諮商的時間越多者　信任的諮商關係　諮商學派

單元 16 諮商師訓練與轉介：訓練機構把關責任

諮商師培育機構的教師常常是擔任專業「守門人」的角色，希望可以藉此保護消費者，避免對其造成預期的傷害。而美國許多諮商研究所對於諮商師訓練課程更趨嚴謹，有時候還會做出開除的動作，雖然需要冒著被學生訴訟的危險，但是為了保障當事人的福祉與社會對諮商專業的信賴，還是需要祭出這最後一招。當然，在此之前，諮商師培育機構與學校還是會讓學生有機會補足相關知能，只是他們也發現許多學生的個性特質是很難修正的（Corey, et al., 2011/2014），而不同法院對於開除學生的認定也不一。

Forrest 與同事們（1999）認為，教師與臨床督導的倫理責任在於（cited in Corey et al., 2011/2014, p.317）：注意受訓者個人問題導致傷害他人之可能性，確認受訓者未傷害其當事人或其他利害關係人，注意受訓者可能誤用其影響力，評量受訓者是否表現出負責、有能力與符合倫理之行為，清楚說明明確的專業準則，並依據這些明確的準則要求及評估受訓者。Forrest 等人（1999）從過去的研究中也發現，被開除的諮商所學生大多是：學業及臨床表現不佳、人際關係不良，以及有不合倫理之行為；或是由於情緒不穩定、人格違常、精神疾病與非專業的態度（cited in Corey et al., 2011/2014, p.317）。

在校督導或教師常常基於與學生較緊密的關係，或是本於教育的寬容態度，總是希望給學生第二次機會修正，但是即便提供了修正機會（如重修），有些學生不是不領情、就是仍然無法完成所要求的標準。近年來，學生經常因為在實習現場表現不佳（工作態度、臨床技巧、個性不馴等），而遭受「退貨」的事實，還有學生是進入諮商所之後，才發現要成為專業助人者需要經過嚴峻的考驗而退縮。在校教師若提早發現學生有個人議題未解、或其態度欠積極，通常會適時予以規勸，甚或要求其去做個別諮商、自我整理。然而隨著世代的更迭、價值觀改變，有些學生根本不予理會，或認為教師故意刁難，這樣的準諮商師也只能讓市場機制來淘汰，守門員也只能盡量努力把關。

Gaubatz 與 Vera（2002）發現若機構有正式標準程序的訓練課程（也就是設計良好的把關程序），會減少品質欠佳學生的畢業人數（cited in Corey et al., 2011/2014, p.317），最終還是把責任放在諮商師培育機構或系所。西雅圖大學的諮商與學校心理學系發展一個評量表格，在學生入學前、實習前及實習時三個學期結束前都做評估，因此學生很清楚自己需要完成的能力與項目；這個表格是用來評量學生之人格與專業能力，包含三大項目（分別有六到八題）——諮商技巧及能力、專業責任與個人責任（cited in Corey et al., 2011/2014, pp.324~326）。

小博士解說

為維護諮商師專業聲望與效果，諮商師持續進修是最好的方式，特別是固定參與同儕督導團體，彼此互相支持、交流新資訊，讓自己的專業能力更增進。

案例舉隅：教育與訓練

　　胡媛是諮商所碩三學生，目前正進行全職實習，同時也在做論文，她的碩三實習老師與論文指導老師是同一人——李教授。李教授在胡媛剛進諮商所時就曾經要她去做個別諮商、將自己的狀態整理好，李教授告訴胡媛說：「諮商工作是非常貼近自我的工作，稍不留意就會將自己的議題帶入臨床現場，妳平時上課表現的情緒落差很大，也不希望與其他同學有更近的關係，這是我上課以來的觀察，趁早做自我整理，以免影響自己未來。」胡媛假裝自己已經去登記做諮商，偶而李教授詢問時，她就會表現得「很正常」，也說自己持續在進步當中。後來她找李教授擔任論文指導，李教授聲明在先，她說：「妳很清楚我的原則，倘若妳無法與我合作，我會自行辭退指導教授一職。」胡媛也欣然同意。
　　進入全職實習之後，胡媛狀況百出，先是在實習機構忘了值班時間，駐地督導很不高興、直接打電話給李教授，胡媛就在李教授面前哭哭啼啼說自己剛跟男友分手，有點調適不過來，李教授要她持續做諮商，並與駐地督導保持良好關係。後來李教授因為胡媛的論文進度太慢，每隔二週要有進度的承諾，胡媛都以不同藉口推諉，甚至在暑假過後竟然沒有一點進度，李教授找她來談，胡媛只是哭泣，後來還丟出一句：「妳太有能力了，我沒辦法像妳那樣！」李教授說：「是妳還是我在寫論文啊？」李教授在幾經思考之後，決定退出論文指導。但是儘管胡媛的實習表現不佳、駐地督導最後當掉胡媛，但李教授還是讓胡媛過關了。你認為李教授這樣的做法如何？

可能牽涉的倫理議題

★李教授為了專業人才與專業聲望把關，曾數度建議學生胡媛去做個別諮商，但是卻也因為維護學生權益而讓學生實習過關、忽略駐地督導的建議，有點為德不卒。
★胡媛本身因為個人議題與性格，阻礙了她成為有效諮商師的生涯，即便她順利通過諮商師高考，極有可能在其生涯過程中產生危害當事人的行為。
★李教授後來退出胡媛的論文指導，對李教授而言，似乎是讓自己角色減少複雜度的做法。

解決之道

（一）李教授最初若退出論文指導，或許站在駐地督導的單純立場會較好處理胡媛的情況。
（二）胡媛本身有許多議題需要處理，而其與指導教授之間的互動，在先前與同儕的互動中就可以看出，只是李教授還懷抱著對方會改進的期待，希望其能夠彌補前過。
（三）李教授沒有採納駐地督導的強烈建議，讓胡媛重修實習，這一點可能讓其為專業把關的職責沾上汙點，然而是否因為擔心學生投訴或訴訟，則不得而知。李教授應該可以先諮詢同儕，看看有無其他做法。

 屏東大學諮商所碩三實習駐地督導評量項目
（以十點量尺表示，1 代表非常差，10 代表非常好）

◘ 對諮商理論的理解與運用　◘ 實習生與個案的關係　◘ 對個案問題的了解與評估
◘ 諮商技術的運用　◘ 遵循機構的規定　◘ 個案紀錄的表現　◘ 對諮商專業倫理的遵守
◘ 遵循督導指導與合作的程度　◘ 人際關係與團隊合作表現　◘ 危機處理能力

✚ 知識補充站
　　同儕團體督導的價值：促進技巧發展、概念成長、參與分享、指導性回饋與自我監控（Borders, 1991, cited in Corey et al., 2011/2014, p.333）。

單元 17 諮商師訓練與轉介：諮商師能力

雖然諮商師不適宜接受超出自己能力範圍的案子，但是諮商師每一回所遭遇的當事人可能都是自己第一次面對的議題，不能因為自己沒有相關經驗或能力而轉介所有的當事人，這樣不僅自己沒有機會處理不同個案、也無法磨練與累積自己的專業實力及經驗值，因此治療師要很清楚自己為何做轉介的原因。

諮商師手中應該要有當地可以使用的轉介機構資訊，必要時提供當事人轉介或做選擇。轉介動作有兩種，一種是持續與當事人諮商（如轉介給身心科醫師做評估與診療、請社工協助當事人經濟問題），另一種是轉介給其他治療師（如諮商師非當事人議題專長、諮商師本身發現持續與當事人工作對當事人有害無益）。前者需要維持專業之間的溝通，後者較不需要繼續追蹤，因為就是結束治療關係，兩者皆需當事人的知後同意。諮商師做了轉介動作之後，不是就此不聞不問，而是協助當事人完成必要的手續，同時與轉介過去的人員（如醫生、社工、法律人、諮商師）維持良好溝通與聯繫。像是學校輔導老師將學生轉介給身心科醫師開藥協助，自己在學校仍持續與學生做諮商，除非案子正式結束或轉介，仍可做適當的追蹤與詢問，要不然很容易讓當事人誤以為輔導老師拋棄他／她了。這樣的情形也提醒了諮商相關工作人員，必須要有生態系統觀點，結合縱與橫的聯繫及合作，謀求當事人最佳利益。

諮商師是一般凡人，當然有自己的喜惡（如所謂的 YAVIS-young, attractive, verbal, intelligent and successful），但不應以此為評估或篩選當事人的條件。而若這樣的喜惡會影響其服務品質，當然就應該避免，諮商師本身也要去尋求協助或進修。另一方面，諮商師本身若自營諮商中心，或許有經濟或財務壓力，也可能因此而延長治療，或不讓當事人結束治療，這當然也違反專業倫理，因為不是以當事人最佳福祉為考量。諮商師不得拋棄或忽視當事人，應該要事先做適切安排，像是諮商師生病或休長假時，有時候所服務的當事人仍需要持續做治療，或有緊急事件發生時，都應該事先安排可替代職務的人，這樣的暫時轉介也需先做說明或取得當事人同意，不可擅自做決定或安排。若諮商師或當事人要離開該地，也可提供適當轉介或服務資訊。

諮商師若在機構中接案，也不宜將當事人轉介到自己的私人工作室，這樣有圖利行為、也與機構間有利益衝突，除非諮商師與機構間有協議可以這麼做，像是美國有些諮商師與精神科醫師合作，可以彼此做轉介。當然，諮商師同時也應提供自營工作室之外的選項，供當事人做選擇，而且諮商師做轉介的時候，不應收取介紹佣金。

教育部規定的國小輔導教師「加註輔導專長」科目如下表：
（必備科目十學分、選備科目十六學分，共二十六學分）

範圍	對應科目或課程	範圍	對應科目或課程
學校輔導工作	學校輔導工作、輔導原理與實務、學校諮商	個案研究	個案研究、個案評估與診斷、個案管理
諮商理論與技術概論	諮商理論與技術、諮商技巧、諮商歷程與技巧、輔導與諮商概論、諮商理論與技術的應用	團體輔導（諮商）	團體輔導、團體諮商、團體輔導與諮商
兒童適應問題與輔導	兒童輔導與諮商、青少年輔導與諮商	心理衛生	心理衛生、情緒管理與壓力調適、正向心理學、健康心理學
危機管理	危機處（管）理	人際關係與溝通	人際關係與溝通、人際關係、人際關係與輔導
輔導工作實務與專業成長	輔導與諮商實習	諮詢理論與實務	諮詢概論、諮詢理論與實務、親師諮詢、心理諮詢
兒童心理學	發展心理學、人類發展	輔導行政	學校輔導行政、輔導行政與評鑑、輔導行政與實務
表達性治療	遊戲治療、沙箱遊戲、音樂治療、故事治療、親子遊戲治療、藝術治療	學校輔導方案設計與評估	輔導活動教材教法、輔導方案設計與評估、學校輔導方案設計與評估、團體方案設計與介入
人格心理學	人格或性格心理學	學習輔導	學習心理學、教學心理學、學習診斷與輔導、學習問題與診斷、學習輔導與策略
親職教育	親職教育與諮詢	生涯輔導	生涯發展與規劃、生涯輔導、生涯教育、生涯輔導與諮商
多元文化輔導與諮商	多元文化教育或多元文化諮商	心理測驗與評量	心理測驗、心理與教育測驗、心理測驗在輔導工作中的應用、測驗與評量
兒童輔導技術與策略	認知行為取向諮商與實務、行為改變技術、焦點解決、兒童諮商	學校輔導倫理與法律	諮商專業倫理、諮商倫理、學校諮商倫理與法律、輔導倫理

單元 18 督導關係

督導制度是要確保諮商師的專業效能與社會形象，以維護民眾福祉為前提，此外還有無私貢獻與傳承的涵義。督導要與受督者或學生維持適當的界限，不管是在面對面的直接方式或以電子數位方式的接觸都是如此。督導基本上是有實際臨床經驗的諮商師或教師，擁有相當扎實的理論基礎，了解督導模式，在評估受督者或學生時，秉持公平、確實與誠實的態度。

督導之首要責任在於確保當事人福祉，因為受督者要負責的是當事人，督導的工作就是協助受督者提供有效能、符合專業倫理的服務，因此督導要提醒受督者當事人的福祉，也讓當事人知道受督者是在接受督導的情況下，要注意保密的相關規定（知後同意）。

督導關係也攸關著受督者的臨床表現及專業成長，然而督導與受督者的關係通常很難單純，其一是督導負有指導與評分之責，受督者會擔心成績，因此是不是願意坦誠以告自己在臨床上遭遇的困擾或疑問、分享自己的不足之處，的確有賴於雙方的關係；二來，督導需要協助受督者的表現、補其不足，因此負責任的督導通常就是要求更多的督導。督導可以要求受督者撰寫晤談逐字稿、提供錄音或錄影、閱讀或參與相關的工作坊、撰寫覺察週誌等，然而隨著時代不同，許多受督者已經不太買帳（即便督導是評分者），不相信功夫是需要下苦功的，這也使目前許多督導無法如其所期待「帶領」願意學習的受督者。

此外許多督導基本上還是沿襲著自身受督的經驗來擔任督導工作，就像是實習教師的督導一樣，即便後來接受了一些有關督導（教學）的理論與模式，在實際擔任督導時，還是最容易使用原本自己所受的教育或經驗來做，這也正是強調督導理論與實務的重要性的原因。目前我國有些機構已經開始督導的訓練與授證課程，希望可以讓督導也成為一門專業，讓專業精神與經驗可以傳承下去，提升諮商專業的聲望。

督導的責任包含監督當事人福祉、受督者的表現與專業成長，其角色含括多樣，舉凡教師、訓練者、顧問、支持者、諮商師等等，因此要如何謹守專業界限、同時又能有效協助受督者慢慢成為成熟的諮商師，的確考驗著督導。督導關係就像諮商關係一樣，督導的能力、是否持續進修、避免發展督導之外的其他關係、注意多元文化，以及使用科技輔佐督導的方式與限制等，也都有規範。督導基本上是擁有權力者，因此界限的拿捏、權力的使用都要特別注意，因為剝削受督者也是嚴重違反專業倫理。

小博士解說

督導對於受督者的行為、能力、個人與專業的持續發展都有責任（Barnett & Johnson, 2010, cited in Corey et al., 2011/2014, p.342）。

案例舉隅：督導關係

　　小芳正在進行碩三實習，她的督導也是從她目前的研究所畢業、取得諮商師資格。當初小芳申請到這個機構實習，是因為學長姐說這個機構的幾個負責人都是業界有名望的人，也申請許多標案。果然，小芳進入機構不久，督導就邀請她一起負責一些方案的執行，而且還有一些金錢補助，小芳很慶幸自己選了這個機構。但是她的喜悅沒有持續多久，就發現情況不對勁，因為王督導常常與她一起驅車到外縣市，本來偶而有肢體上的碰觸，小芳以為都是意外，因此沒有在意。但是後來督導就得寸進尺、明目張膽地伸出狼爪，小芳都是迴避、請求對方不要這樣，也提醒王督導他有妻兒，但是王督導說：「我都給妳甜頭了，妳也應該回報一下。」因為每一次都是在僻靜的地下室停車場或是沒有人經過的地方發生，督導先是強吻、上下其手，後來甚至要小芳進一步「服務」他，小芳都快崩潰了，她擔心如果現在終止實習、以後該怎麼辦？況且王督導的人脈很廣，跟著他到不同機構，都發現他認識好多人，小芳相信督導所說的「這個圈子很小」、以及他聲稱的「影響力」！小芳打探過督導曾服務的機構，有位女性諮商師意有所指地要她「知道保護自己」，因為聽說連他的老婆都拿他沒辦法、婚也離不成！

　　小芳在發現自己承受不住的情況下，找到妳這位諮商師，小芳說因為妳在業界是以女性主義著稱，相信妳會為她討公道。小芳說完，崩潰大哭！

可能牽涉的倫理議題

★小芳受到直屬督導的性騷擾，卻敢怒不敢言，主要是擔心自己實習成績，還有督導說的「這個圈子很小」的威脅，擔心自己萬一執業之後，可能也無法擺脫他的魔掌與影響。小芳也擔心自己目前實習到一半，如果中途喊卡，勢必無法在期限內完成實習所需時數，若要報考諮商師執照，就會被延後。

★小芳受到督導的性騷擾，督導嘗試以權力及控制來逼小芳就範，而且動作越來越粗暴與無恥，小芳身心俱創。這是典型的利用職權占實習生的便宜，而且還威脅小芳不敢往上呈報。

解決之道

（一）小芳擔心自己若呈報，督導是實習機構的股東，屆時其他負責人也不會站在自己這一邊，加上小芳從督導之前的同事那裡獲知的訊息是「連督導的老婆都拿他沒辦法」，更加深了小芳的懼怕。的確，若機構本身沒有明訂罰則，加上督導是股東之一，其他人官官相護是可以預見的，小芳若在機構內舉發，對自己極為不利。

（二）小芳與督導念同一研究所、是先後期同學，小芳應可向該校之授課教師、督導或行政人員舉發此事，至少可先諮詢意見。但是這也有危險，因為所內教師可能都認識王姓督導，他們會維護誰的權益很難說，除非小芳可以確定誰比較公正、真正想解決問題。

（三）小芳可訴諸就讀學校之性平委員會，申請調查，然而這樣小芳可能就不能繼續在該機構實習，因為有利益衝突。

（四）小芳可以申請改變實習場所，這樣就不會耽誤其實習的延續性，然而需要找一位可信賴的師長協助。

（五）小芳可按兵不動，等到自己實習結束再向學校性平申訴。但是這段期間需要自己蒐集相關資訊，以及如何保護自己不受傷，可以與諮商師一起討論。

（六）小芳當然也可以訴諸媒體或網路，但可能涉及隱私權等法律問題，最好與諮商師一起請教律師或相關人員，確保行動後果不會傷害到自己。

✚ 知識補充站

　　督導關係最容易引發倫理議題的部分：權力差異、類似治療的性質，以及角色衝突（牛格正與王智弘，2008，pp.269~270）。

單元 19 結束治療關係

諮商師若無能力協助當事人，就應當結束治療關係或做轉介動作。倘若因為彼此價值觀或文化背景不同，並非轉介之適當理由，因為這屬於諮商師專業能力範疇，諮商師需要尊重多元與不同，自己得去進修或進一步充實文化能力。但諮商師若受到當事人或其相關人的傷害，也應停止治療關係。

基本上，諮商師在評估當事人已經不需要協助，或繼續諮商無法協助當事人、對當事人沒有好處，甚至持續諮商對當事人有害，就應該要結束治療關係。許多治療關係不是諮商師主動的，而是由當事人所決定（如不滿意諮商師、認為諮商無效、或其他個人因素等），必要時諮商師還是需要做結束動作。諮商師在結束治療關係之前，要詳細告知當事人，並解釋清楚，同時提供當事人其他服務或機構的選擇。

結束治療的動作不宜太突兀（像是突然就跟當事人說：「今天是我們最後一次見面。」），最好是每次都提醒，最後有較正式的結束動作，這樣才不易引起當事人的反彈或被拋棄的感受。結束關係——何況是極為親密、信任的治療關係——對許多人都是一種失落，但不需要造成傷害，除了非預期性的結束關係（如諮商師或當事人搬家、生病或死亡、諮商師退休等），治療關係最好都能夠在彼此同意、並能夠理解的條件下結束，這樣的傷害最小。治療關係的結束如同生命中的關係結束或失落一般，必須要審慎處理，妥善地結束諮商關係，也示範了良好的分手或再見方式，讓當事人可以學習並運用在日常生活中。許多當事人在自己生活中缺乏良好的關係結束楷模，甚至在結束關係時受過創傷，或許對於治療關係的結束會有抗拒、焦慮、怕被遺棄等情緒，諮商師都可以同理體諒，並回到當事人在諮商過程中的成長與優勢。

治療關係結束時，諮商師是否該收受禮物或是贈予當事人禮物？若諮商師已經安排轉介或與當事人正式結束治療關係，當事人是否可來電詢問相關的心理健康問題？諮商師可以暫時給予回應，同時提供適當的轉介管道或緊急熱線給當事人，但是也提醒當事人治療關係已經結束。只是在很多情況下，即便結束了治療關係，當事人在需要時還是會回頭尋求諮商師的協助（如諮商結束一學期之後，又來找諮商師談論相同或不同的議題），這也使得治療結束增加了複雜性。所以想想看像是倫理原則中所規定的「結束治療之後五年，不能與前當事人發展親密或性關係」，這樣的規定就很難成立，因為「何時才算結束」是無法確定的。

小博士解說

諮商師若刻意拖延結束與當事人的治療關係，或造成當事人的依賴，都是違反倫理的行為，也都是未考量當事人的最佳福祉。

案例舉隅：當事人權益

　　小陳是碩三的實習諮商師，因在私人心理中心服務，個案數量不足，因此為了符合實習需要的直接服務時數，他會將需要結束的個案延長晤談次數，甚至沒有事先告訴當事人預計的晤談次數。心理中心對於小陳這一位新手諮商師很欣賞，認為他竟然可以與當事人深度晤談十幾次，不像一般的新手諮商師，況且還可以給中心帶來不少的收入。小陳的在校督導注意到這個問題，站在專業倫理的角度，你認為這位督導應該如何做？

可能牽涉的倫理議題

★小陳違反了當事人的自主性，可能也造成當事人之依賴，讓當事人在不需要治療時還持續做治療。

★小陳也辜負了諮商的終極目標是賦能當事人、相信當事人有能力去面對與解決自己的議題，同時也未顧及當事人的最佳利益。

★小陳實習的機構沒有細究當事人需求，甚至姑息小陳的做法，這一點也需要連帶負起責任，尤其是小陳的駐地督導。

解決之道

（一）督導要提醒小陳可能違反的倫理議題，以及其他相關人（如督導及機構）要負的責任，並要求小陳立刻修正。

（二）小陳需要明確提出對當事人諮商進展的評估，以及可以結束治療的理由，這樣也可以在向中心負責人做報告時有所憑據。

（三）小陳若擔心自己的直接服務案量不足，在校督導可與駐地督導商議，讓小陳有機會接其他相關案件，甚至是擔任外展活動、協助心理衛生教育宣導等，可望吸引更多潛在當事人。

（四）督導可建議系所將此私人心理中心列為「拒絕往來戶」，因為該機構未能如實習手冊所訂的「滿足實習時數需求」，不適宜讓實習生選擇此機構做臨床實習。

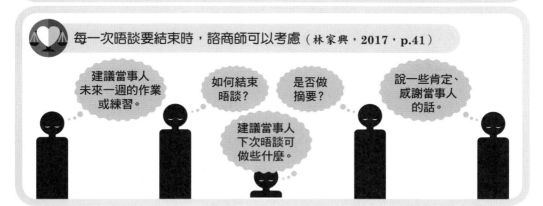 每一次晤談要結束時，諮商師可以考慮（林家興，2017，p.41）

建議當事人未來一週的作業或練習。

如何結束晤談？

是否做摘要？

說一些肯定、感謝當事人的話。

建議當事人下次晤談可做些什麼。

✚ 知識補充站

可供判斷何時結束諮商的成功結果（Hackney & Cormier, 2009, pp.10~12）：

（一）當事人開始從不同的脈絡看問題或議題。

（二）當事人對於問題或議題有更多適當的了解。

（三）當事人對於舊的議題有新的反應。

（四）當事人學習到該如何去發展有效關係。

單元 19 結束治療關係（續）

諮商師也需要檢視及了解自己對於結束治療關係的感受與需求，因為有效能的諮商師的終極目標是在協助當事人達到自主狀態（Corey et al., 2011/2014, p.59）。當事人要結束治療而諮商師卻不願意結束治療關係，或是諮商師提早結束治療關係，除了違反當事人權益之外，還涉及諮商師的個人議題（這也是我們後面會提到的諮商師自我覺察與照顧要注意的事項），諮商師不願意結束治療關係可能涉及反移情的情況，間接也造成當事人的依賴（違反當事人之自主性）。

當事人要結束治療，諮商師卻很生氣的時候，這就是反移情的表現，諮商師需要去追溯自己情緒背後可能的原因，是因為不捨得當事人離開？還是認為當事人還沒有準備好（或無能）去面對自己的議題？因此 Corey 等人（2011/2014, p.59）建議諮商師在治療結束階段更需要檢視自我的需求以及對結束的感受如何。

諮商師若對當事人有強烈的情緒（不管是喜歡、討厭或憤怒），可能是因為觸動了自己未解決的未竟事務，需要進一步去檢視與改善，要不然這個包袱會一直存在、干擾自己的生活與專業效能。尋求督導、諮詢或個人治療對於這樣的情況會有所幫助。因此諮商師需要思考：如何知道當事人不再需要諮商服務？依據什麼標準來判斷當事人是否從治療中獲益？若當事人覺得從諮商獲益，但是諮商師卻看不出當事人有進步該如何？當事人突然要結束治療關係時，諮商師會怎麼做？

諮商師本身是助人專業，同時也擁有專業的權力。倘若當事人（或其文化）尊重權威，即便當事人認為諮商可以告一段落、做結束動作了，但是礙於對諮商師的權威，可能不敢主動提出、處於較為被動的立場。諮商師也要有這些文化與權威的敏感度，以當事人最佳利益為考量基準，讓當事人有能力與勇氣繼續面對及試圖解決自己的議題（賦能），因為諮商師遲遲不結束治療關係，也表示不尊重當事人之自主權、企圖養成當事人依賴的習慣。

結束的議題是每個人都需要面對的，若能將未竟事務做一個較滿意的結束，自然就不容易懸置在那裡，不時地來擾亂我們正常的生活。諮商師本身對於關係的結束是怎樣的態度？之前的經驗裡面有沒有未完成的議題、或是結束得很難看？若無做適當處理，這些「殘留」也都會常常縈繞在諮商師心中，甚至出現在與當事人做治療的過程中。諮商師如何做結束治療關係的動作，也會影響當事人的結束議題，因為諮商師也是一個典範，讓當事人看見怎樣的結束是健康的、有建設性的、會促使我們繼續往前。

小博士解說

結束治療關係的情況有：諮商師能力不足或非該領域專業、繼續諮商不會讓當事人受惠、當事人不再需要協助，或當事人（或其相關人士）繼續治療會受到傷害等。

結束諮商的原因（不限於此）

諮商師有不可抗拒之因素（如離職、搬家或死亡）

當事人不願意繼續治療

當事人有不可抗拒之因素（如搬家或死亡）

諮商師能力有限，無法協助當事人（可徵得當人同意做轉介動作）

諮商師發現當事人對其有強烈移情，且對療效有妨礙

諮商師與當事人都同意治療有進展，且當事人有能力面對與處理自己的議題

 諮商結束的目標

- 解決終止諮商相關議題（如失落經驗、未來方向）
- 探討當事人結合學習與改變的方式
- 找出維持改變可能遭遇的困難或阻礙（預防復發）

- 評估治療結果
- 評估治療關係
- 評估諮商過程

 諮商師涉及倫理議題的反移情現象及背後可能原因
（Corey et al., 2011/2014, pp.51~53）

反移情現象	背後可能原因或結果
過度保護當事人	視當事人為脆弱、無能。
過於親切對待當事人	隱藏自己對當事人的憤怒或厭惡，致使治療關係膚淺。
拒絕當事人	擔心當事人太依賴，在日常生活中與人疏離。
不斷地想得到增強與讚許	需要他人肯定自己。
在當事人身上看到自己的影子	過度認同當事人、失去客觀性。
與當事人發生情感或性關係	利用與剝削當事人。
提供建議	想立刻減輕當事人痛苦、焦點自當事人轉到治療師身上。
與當事人建立諮商以外的社交關係	希望與當事人更親近、混淆界限。

✚ 知識補充站

　　諮商師在兩次晤談之間，也要讓當事人可以聯絡上，以為不急之需，而在兩次晤談間當事人若有緊急事件，也可以找到諮商師。如果因諮商師休假或是生病等因素，未能持續與當事人工作，也要有合適的代理人或提供其他轉圜方式。

單元 20　諮商師的價值觀或偏見

諮商師不應該因為自己的宗教信仰、價值觀或喜惡等因素而結束諮商或做轉介，也不應將自己的價值觀強加在當事人身上，甚至指責批判當事人的價值觀是錯誤的。一般的情況下，諮商師不太會表明自己的價值觀，但是需維持適當的警覺性，以免妨礙當事人福祉。有些諮商師會隱藏自己對當事人的偏見或喜惡，以為自己可以在治療過程中維持「中立」，其實是很危險的，若加上諮商師本身對於自身價值觀與偏見缺乏覺察或敏銳度，就很容易在不經意情況下展現出來、造成傷害卻不自知。像諮商師對一位想要離異的當事人說：「那麼孩子不就很可憐？」（暗指孩子需要母親、女性是照顧者）或諮商師對一位男性當事人道：「你應該要斬立決，不要瞻前顧後，這才是男子漢！」（暗示當事人不夠決斷、不像男人）

諮商師的價值觀，也影響其對於助人專業所要成就的為何（Corey & Corey, 2011, p.26）。畢竟，專業助人者也是一種行業，而每個人想要從工作中創造與衍生的意義不同，因此也需要檢視自己為何想要從事這一行？你是希望賺錢、有權力、成就感或聲望地位？還是因為工作的穩定性、變化與創意、責任的承擔、展現獨立或與人合作？你希望可以與家人相聚的時間有多少、有機會服務他人、還是希望可以促進生活品質、有

繼續學習的機會？還是因為自己的興趣、冒險性、喜歡智性的挑戰與競爭、或是追求內在的和諧？對於與你價值觀不同的人有何看法？你可以忍受他人與你不同的價值觀或堅持，仍保持開放的心態嗎？

諮商師絕非客觀中立，同樣地，每一個諮商理論與運作都有其價值觀蘊含在裡面，因此所有的諮商理論都不是「價值中立」（value-neutral）的，而每一個理論都只解釋了「部分」的事實，因此在學習諮商理論的同時，不要忘記帶著批判的眼光來理解，同時也要時時檢視自己的一些想法或觀念，納入新的思維與持續做研究，是讓理論可以與時俱進的重要方式。

價值觀不是肉眼可以看出來或常常說出來的，而是隱藏在我們的言行之中。倘若諮商師的信仰與價值觀和當事人的有衝突，適當的說明並提供轉介選擇是可以的，然而事先說明自己的想法或信仰，讓當事人自己去做選擇最適當。如當事人是基督徒，但是諮商中心沒有類似信仰者，諮商師就可以做說明，看當事人可否接受非基督徒者擔任諮商師，或做適當轉介。諮商師不會等到發現自己的價值觀與當事人有衝突時，才尋求相關進修與了解管道，而是平日就能夠拓展自己的多元文化敏銳度與能力。

小博士解說

諮商師澄清自己的假設、核心信念與價值，以及其對治療過程的影響是非常重要的（Corey et al., 2011/2014, p.71）。

案例舉隅：當事人權益

　　阿州是大一新生，上過系裡方老師的課之後，他想老師是諮商師，應該會較了解他的情況，於是他告訴老師：「我喜歡班上的小鄭。」方老師滿臉關切：「你是不是有過創傷經驗？」阿州傻楞楞地問：「創傷經驗？」方老師改口道：「我是有靈異體質的人，你應該是被邪靈附身了，找一天我帶你去教堂。」阿州在與方老師談過之後，感覺不對勁、也覺得很懊惱。過幾天，方老師就帶他去她的教會，集結其他一些教友，共同為他祈禱。阿州從教會回來之後自責很深，覺得自己犯了大錯，連續好幾天失眠，後來甚至痛哭，於是同學帶他去找另一位老師解惑。這位方老師身兼諮商師犯了哪些倫理錯誤？

可能牽涉的倫理議題

★方老師是諮商師、也是有宗教信仰者，但是她卻將阿州喜歡同性的事解釋為「有創傷經驗」及「邪靈附身」，是非常嚴重的強加價值觀在當事人身上，而且明示當事人的「不正常」。
★方老師的「診斷」（創傷經驗與邪靈附身）都是將箭頭指向當事人、認為當事人是錯的，這也違反了最基本的「不傷害」原則。
★方老師運用教師威權，強行將阿州帶到教會去，要其他教友一起為他禱告，這也違反了阿州的自由意志。

解決之道

（一）一般說來，性少數當事人不會因為性傾向而求助，而是因性傾向衍生出來的許多歧視、困惑等情緒而前來求助。阿州是因為信任方老師，所以才願意坦白，方老師辜負了阿州的期待。方老師說阿州喜歡同性是「創傷經驗」，也可見其對於近年的相關研究很生疏，她應該要多去閱讀新的資訊，讓自己更清楚性傾向少數的研究結果。

（二）阿州自責很深、認為自己罪孽深重，因此輾轉難眠，他可以到學校諮商中心求助，相信有經驗的諮商師可以協助他。

（三）諮商師首先要釐清性傾向絕大部分是天生，況且人有選擇自己生活的自由，很少人願意走較艱難的路。看看阿州想要先就自我認同的部分談起，還是親密關係的部分？若能釐清其罪己的因素，或許睡眠品質就會改善，諮商師也要詢及一些危機情況，並介紹一些新近的研究結果與說明，讓阿州可以更了解自己。

（四）阿州不需要立即做現身動作，因為這是他自己的選擇，諮商師的責任是為當事人最佳福祉著想，倘若阿州是因為自己的認同而迷惑或質疑，諮商師可針對此協助阿州。

（五）諮商師可協助當事人去了解，或進一步聯繫友善的同志族群，讓阿州可以不孤單。

（六）諮商師可以提醒方老師這樣的強加價值是違反諮商師倫理的，且不在了解當事人宗教背景的前提下帶阿州去教會，這是不尊重當事人的做法，方老師若不認錯或改善，可將此事件紀錄下來，轉呈倫理委員會做調查及裁定。

 價值觀類別
（Wilson, Sandoz, Kitchens, & Roberts, 2010, 引自林家興, 2017, p.87）

家庭	婚姻與其他親密關係	友誼	工作	教育與個人發展	娛樂與休閒
	靈性	社區參與	環境與自然	健康與身體	

單元 20 諮商師的價值觀或偏見（續）

諮商師有自己的生活哲學與宗教信仰，當事人也是如此，如果諮商師的宗教信仰與當事人的有極大差異，是否立刻轉介？美國諮商學會（ACA）在心理學的第四勢力——多元文化——出現的同時，也關注到靈性與宗教信仰這一部分，在我國可能較沒有注意到這一點，但是目前不少碩士論文及本土心理學也漸漸關注這個議題。美國以基督教立國，許多宗教性質的學校也有「教牧諮商師」（pastoral counseling）的課程，諮商中有關宗教或信仰的靈性議題，也與倫理有關。諮商師要能夠對與自己不同價值觀和信念的當事人開放討論，就可以減少價值或信仰相關的倫理責任（Steen, Engles, & Thweatt, 2006, cited in Corey et al., 2011/2014, p.88），而不是直接就做轉介動作。就如同諮商師要善用在地資源一樣，民俗宗教等儀式或資源，也可納入諮商過程。若當事人有不同之宗教信仰，諮商師也可諮詢相關宗教人士、協助當事人，也切記勿將自己相信的強加在當事人身上、或硬要當事人遵循，這不但違反其自主權、也是諮商之大忌。不同信仰的諮商師還是可以持續與當事人工作，只要當事人認為可以，同時治療師也要持續檢視與監控自己的價值觀或信念是否會妨礙諮商過程與效能。

ACA 也規範了當事人臨終照護的問題，包括對疾病末期、結束生命等議題，美國社工師學會（NASW, 2003, cited in Corey et al., 2011/2014, p.94）有特別規範，提供心理健康人員處理相關議題的參考。而有關當事人在生命臨終情況下對持續照護或治療的選擇有：醫療模式的強制性治療、生命維持的治療、為減輕痛苦的醫療介入、不提供或移除生命維持系統、自願安樂死及醫生的協助自殺。

諮商師的某些生命哲學（如認真過生活、對社會有貢獻），會不會與當事人的牴觸（如可依賴別人就不需自己動手、生活要過得輕鬆自在不勉強自己）？這樣會不會影響諮商效果與對當事人的期待？諮商師在面對生死議題時，價值觀自然會呈現。最簡單的像是墮胎與否，諮商師是站在維護生命的立場，還是選擇權的立場，就會有許多的掙扎。倘若諮商師與當事人觀點不同，該怎麼辦？

一般說來，諮商師有專家權威，因此要注意自己的權力位階與勿濫用威權，當然也不可剝削當事人或強行要當事人去做某些事，在當事人可能會做出錯誤決定時也要適時介入，這裡就不適用「自主權」的原則。至於當事人若向諮商師透露自己曾經犯罪，諮商師若清楚有人正在受害也需要舉報，但是會先勸誡當事人去自首、為自己的行為負責。

小博士解說

諮商師的工作不是去批判當事人的價值觀，而是協助當事人探索與釐清信念、運用在問題解決上（Corey & Corey, 2011）。況且，要使諮商效果好，諮商技巧與過程就必須要適合當事人個別特殊的價值觀、生命經驗與文化背景（Corey, 2001）。

案例舉隅：未成年墮胎

　　十六歲的小玉來找學校輔導老師，她說現在情況已經瞞不住了，所以急著找人商量，因為以前常在輔導室幫忙，所以直接找謝老師協助。小玉說她男友在另一所公立高中就讀、成績很好，她不想耽誤用孩子耽誤他的前途，也不希望現在有孩子、讓她失去自由身。但是決定墮胎需要有成人陪伴，所以她希望謝老師可以協助，而她懷孕的這件事一定不能讓父母親知道，她說萬一爸爸知道一定會打死她，因為爸爸希望她這個長女可以念不錯的大學、做弟弟妹妹的好榜樣。謝老師不贊成墮胎，她認為自己身為一個母親，未出生的孩子沒有發言權，她應該挺身為孩子發聲，所以她直接告訴小玉墮胎的可怕後果（包括可能習慣性流產、子宮破損等）。對於謝老師的做法你認為如何？

可能牽涉的倫理議題

★小玉未成年，未成年墮胎是否需要讓監護人知道？因為利害相關人的福祉都要顧及。
★小玉是不是可以獨自做出墮胎與否的決定？牽涉到哪些法律的問題？
★小玉希望謝老師陪同去做墮胎手術，隱瞞家長的後果是不是需要承擔法律相關責任？
★墮胎與謝老師的價值觀似乎有所扞格，謝老師可以立即做轉介嗎？
★小玉或謝老師的宗教信仰是否也可能左右墮胎的決定？

解決之道

（一）讓小玉知道未成年懷孕可能需要讓監護人知道、打破保密之協議，但目前先協助小玉處理最迫切的問題。
（二）弄清楚小玉的懷孕時程，並一起商議可以有哪些選項？（墮胎只是其中一項）明白小玉的擔心還有哪些？墮胎手續與可能後果也要告知。
（三）諮商師清楚告訴小玉自己是會擁護生命權的，但是也清楚小玉的選擇權，並詢及有無其他信仰或宗教的影響。
（四）諮商師與小玉商議監護人的可能看法與擔心，盡可能讓他們親子有共同討論的空間。
（五）尋求資深同儕或督導、法律人之意見。
（六）將小玉轉介給其他諮商師，並說明理由。

 涉及價值觀的一些隱微例子

離婚後孩子就變成沒有媽媽的孩子。 **假設女性的照顧者身分**

你這樣自行其事，絲毫不顧慮其他人的情況對嗎？ **假設當事人自私**

假設當事人未考慮對他人的影響 當你選擇直接向父母親出櫃，有沒有顧慮到他們的感受？

假設父親的責任 作為一位父親，你盡到保護家人的責任沒有？

婚前性行為是你的宗教所不允許的，你不擔心後果嗎？ **假設當事人行為與其信仰相違背**

單元 21 衡鑑、診斷與解釋

衡鑑（assessment）是評估當事人生活中的相關因素，據以確定諮商所要探討的主題；診斷（diagnosis）是衡鑑過程中的一部分，主要是確認徵狀與特殊心理疾病的關聯性（Corey, 2016/2017, p.48）。諮商師在研究所所修習的變態心理學與心理衡鑑課程，仍不足以在臨床上應用，諮商師的診斷訓練不及臨床心理師，若加上不在醫療院所執業，可能就會慢慢生疏。衡鑑與診斷也涉及諮商師的專業能力，需要修相關課程、實地練習、經過考核之後，才堪稱「符合基本條件」，因此只是研究所畢業的諮商師，其診斷與衡鑑能力是大大不足的，需要自己繼續進修。國內諮商學者林家興（2017，p.29）認為諮商心理師需要在接案時先行評估，再進行治療：「醫生強調的是生理學與精神症狀的評估檢查，心理師則更重視內在動力和社會環境的評估檢查。養成先評估診斷、再進行諮商與心理治療，才是正確的執業習慣。」

諮商的某些學派不重視診斷的角色，如人本學派、女性主義治療，有些學派則是將其視為治療計畫中的重要部分，如認知行為學派。診斷可以讓諮商師了解當事人關切議題的相關因素，作為處置計畫的依據，然而也可能同時侷限了諮商師的觀點、或將當事人病態化。此外，Corey（2016/2017, p.49）提醒我們：許多行為或人格類型因為不符合主流文化，因而被標籤為偏差或神經質的，這些都要注意。像是有人認為中國人較內斂、沉默，若碰到一位好奇心強、喜歡發問的中國人，可能就將其視為異類、非典型，而中國同儕也可能視其為怪咖。DSM-V（心理疾病診斷統計手冊）傾向於將人病理化，這也可能造成診斷的偏誤（Corey, 2016/2017, p.49）。許多研究生反映說在閱讀 DSM-V 時，也不免懷疑自己是否生病了，可見每個人多少都有些違常、只是不到妨礙生活功能的地步。因此，即便諮商師在蒐集當事人資料的過程中，可能會有一些初步的診斷出現，但還是需要謹慎將事，同時針對當事人困擾的議題做更詳盡的資料蒐集、擬定可能的處置方向，若需要身心科醫師協助，也要對當事人說明理由。

當事人本身所提供的資訊是否足夠作為診斷依據？思慮周全的諮商師會考慮從其他可能的管道持續蒐集資料，有時是從當事人的重要他人、長官、師長或同事（學）那裡得知（所謂的「協同會談」，協同會談也可以是治療的一部分，最好取得當事人之同意），當然也可以從觀察當事人的一些行為舉止等，更全面地了解當事人。

小博士解說

診斷是諮商過程中的一部分，諮商師在診斷時需要考量當事人的環境與文化脈絡，而非只就當事人所呈現的行為／徵狀來斷定。

案例舉隅：當事人權益

　　明凱到國小做諮商實習，該校有對學生施測的例行公事，只是測驗老舊，許多參照的常模已經沒有意義。這天要施測時，輔導主任發現測驗卷數不足，於是請輔導老師影印幾份、湊足份數。輔導老師遲遲不敢行動，因為他本身也是諮商師，但是主任一直催他，於是輔導老師就叫明凱直接在輔導室影印，但是特別吩咐明凱將測驗卷上的「版權所有 請勿翻印」字眼用紙遮蓋起來。明凱感覺不對勁，於是急忙忙打電話請教在校督導。

可能牽涉的倫理議題

★輔導主任應該清楚違反著作權法的規定，但是依然令下屬影印。
★輔導老師很清楚主任交辦的事有違法之虞，而且違反諮商師法。在上級催逼之下，急忙找一位替死鬼、協助做非法行為，而且還吩咐實習生將「版權所有 請勿翻印」先行遮蓋再做影印動作，這叫「明知故犯」。
★實習生很清楚自己被要求做違法行為，但是礙於上級長官與自己是在實習過程中，擔心對方的權威與自己的實習成績受影響。然而他還是想到有人可以諮詢，因此避免犯下錯誤。

解決之道

（一）明凱發現情況有異，打電話請教督導，這個動作是對的！
（二）督導可叫明凱先不要做任何影印動作，直接找其駐地督導（也就是那位輔導老師）討論，並提醒其相關法律。
（三）輔導教師應提醒主任剽竊或違反著作權法的法條，籲請其另外購買測驗，或暫時不施測。
（四）測驗老舊已經失去效用，若無更新版，輔導老師可鑑請學校另外購買適當的測驗。

 評鑑的目的（不限於此）

蒐集資訊　安置　協助當事人做決定

擬定處遇計畫　司法用途

 實施測驗與解釋時要注意

 測驗目的　 施測時的環境

 了解年紀、膚色、文化、失能或障礙、族群、性別、語言、宗教或靈性、性傾向、社經地位等因素的影響

 診斷需要注意的條件

諮商師的專業能力　　不同學派對診斷的看法與重視程度　　文化的差異

✚ 知識補充站

　　諮商師對測驗目的、常模、效度、信度、施測過程、適合使用的人等，都要事先說明。

單元 21　衡鑑、診斷與解釋（續一）

基本上測驗不能亂用，也不是任何人隨便就可以使用，因此在使用測驗前，測驗與使用手冊都需要善加保管。諮商師採用標準化、有研究證據的測驗，並清楚測驗目的而進行施測。實施或進行測驗診斷時要考量物理、心理條件的適宜輕鬆（注意隱私權、舒適、不分心），這些在解釋測驗時也要考量進去。一般測驗都有既定的實施程序或用語，這是為了減少人為的誤差。倘若是使用科技產品或電腦進行測試，除了隱密、不受干擾、安全等條件外，也要讓使用者容易上手。有些測驗經年未做修訂，其常模也會有重大落差，因此最好不要使用，要不然只是徒然浪費財力與精力而已！諮商師也不宜對自己的親友或（前）當事人進行有關法律上的衡鑑及診斷，因為雙重角色，可能有失公允。諮商師也不能在未取得出版社或研發測驗者的同意之下，將測驗影印或做編修。

諮商師對於當事人的診斷要誠實告知，這是當事人知的權利，也要讓當事人知道相關的處遇方式，取得當事人的合作。倘若要進行任何評估或測驗程序，也都要事先說明原因、結果的使用方式以及有誰可以知道結果內容，這些都屬於保障測驗的安全性。有些測驗或診斷結果可能需要有家長、醫療人員、社福、學校或保險單位知道，將做何使用等，都要讓當事人清楚明白。

解釋測驗避免使用專業術語，而是以讓當事人清楚了解的方式為之。測驗或診斷結果的解釋，需要有專業資格者來進行，諮商師雖然也可以做解釋，最好是有過訓練者，較無違法之虞。測驗的數據通常需要有常模可資對照才有意義（像智力測驗不是分數高就是好，而是要了解其對照的標準），諮商師不應該以單一測驗來做重大決定（而是要從多元途徑來了解），尤其是有關安置（如到特殊學校）、補助（如殘障手冊）或生涯決定（如組別與科系）。諮商師若擔任有關法律方面的鑑定或診斷時，必須要提供有效、有證據、公正客觀的結果，同時也要說明報告或證詞的限制。

測驗的解釋也必須要考量歷史與社會文化脈絡可能的刻板印象，有些診斷或測驗是給特殊族群使用的（如 MMPI——「明尼蘇達多重人格測驗」是給心理疾患者使用），並不適合一般人；有些診斷標準不適合兒童或青少年族群（如 DSM-V 裡面的憂鬱症指標是以成人為對象），錯用了測驗或診斷就可能誤判，可能造成不可收拾的結果。諮商師需要去評估診斷的必要性，倘若對當事人或他人有傷害就不宜進行，而且在解釋測驗或診斷結果時，最好列出與說明正負向的結果，避免當事人受到汙名或被錯誤標籤。

案例舉隅：測驗與評量

　　教育部針對全國高中進行某項測驗，其目的是希望了解本國高中學生的一些基本能力情況，作為擬定教育政策之參考，因此就抽樣設定全國一些公私立高中某班某號為施測對象，然而北市某知名高級中學就發生了學生拒絕施測的情況，造成學校各處室的討論，教務處認為學生應該接受測驗，因為是教育部的命令，但是導師與輔導室有不同看法，雖然學生未滿十八歲、但仍有自己決定的能力，若不想參與、可以拒絕，況且校方也沒有事先取得學生監護人之同意。

可能牽涉的倫理議題

★學生是受測本體，是否應先取得其監護人之知後同意？
★教育部為了了解全國受教者的整體情況，偶而會策劃全國性的資料蒐集（如學力測驗）或測驗常模建立，基本上要求學校配合是有其正當性的，但是若指定之個人不願意進行施測，是該尊重教育部的規劃或是個人意願？之前沒有這樣的情況發生，然而隨著時代的演進，個人意識抬頭，就需要知道如何因應。

解決之道

（一）雖然說學校是教育機構，即便是進行測驗，也可以不取得未成年者監護人之同意，然而若學生拒絕就應該尊重其意願。
（二）學校方面可以說服學生參與，以及說明其重要性，但是不逼迫其一定要參加。因為即便學生在受迫的情況下參與，其測驗數據也可能沒有參考價值（學生拒答或胡亂回應）。
（三）之後若有類似情況發生，應該先舉辦說明會，使受測學生了解施測目的與意義，讓他們知道參與是很重要的（這也是一種「知後同意」）。

實施測驗的倫理議題
（王智弘，1994，引自牛格正、王智弘，2008，pp.301~309）

? 諮商師是否已具備心理測驗的專業知能？

? 諮商師實施測驗的目的是否恰當？

? 諮商師是否尊重當事人知的權利？

? 諮商師是否適切實施測驗？

? 測驗結果解釋與應用是否適切？（對測驗結果的解釋是否力求客觀、正確？是否與當事人進行雙向溝通、討論？測驗結果的應用是否考慮其他相關因素？使用電腦或網路測驗工具是否考慮如何避免誤解與傷害？）

? 測驗資料是否適切加以保密？（結果公開是否獲得當事人知後同意？測驗資料與結果的保存、查詢是否依規定程序？使用電腦和網路測驗工具是否有適切的保密考量？）

✚ 知識補充站

　　諮商師上網找當事人資料，主要是因為好奇及印證當事人所說，這樣的舉動可能違反了知後同意及當事人之隱私權，也可能進一步阻礙治療關係（Harris & Kurpius, 2014）。

單元 21 衡鑑、診斷與解釋（續二）

　　針對結束生命的有關議題，評鑑與評估更不能少。其應納入衡鑑的事項有：心理疾患診斷、引發痛苦的心理因素、關係品質與宗教信仰（Werth & Crow, 2009, cited in Corey et al., 2011/2014, p.96）。美國社工學會（NASW）還規範幾個需要衡鑑的項目，除宗教信仰之外，還有：過去與現在的健康情形、家庭結構與特色、生命週期階段、文化價值和信念、當事人與家人對緩解治療的目標、社會支持與心理健康功能（cited in Corey et al., 2011/2014, p.96）。

　　諮商師在結束生命相關的案例中所發揮的功能為：滿足當事人之需求、增加當事人自我決定空間、協助當事人參與決定過程、進行評量或轉介當事人接受完整衡鑑（確認當事人做結束生命的決定能力）（Bennett & Werth, 2006, cited in Corey et al., 2011/2014, p.96）。在當事人決定放棄治療的同時要評估其是否處於憂鬱狀態，因為這時候所做的決定很衝動，必須將其抑鬱情況先做處理，才能確保其有做決定的能力。諮商師在處理當事人結束生命的倫理責任有：必須告知當事人有關協助死亡的保密限制，而在整個過程中都要做充分諮詢的動作，同時做危機處理紀錄，並評估外在壓力對當事人決策的影響（Werth & Holdwick, 2000, cited in Corey et al., 2011/2014, p.97）。

　　諮商師要事先了解當事人對於臨終生命的決定（如急救與否、拒絕使用維生器具），這些與當事人的自主決定權有關，也可能涉及法律議題，不管當事人是以口述或文字紀錄方式聲明，諮商師都要預先知悉。很重要的是，諮商師需要了解自己的權限與相關法律，同時也必須檢視自己對於死亡與臨終價值觀、自己的信念或宗教信仰、死亡之恐懼等，來評估自己是否有能力協助當事人（Herlihy & Watson, 2004, cited in Corey et al., 2011/2014, p.93）。在臨終照護過程中，協助當事人盡量完成其未竟事務也是諮商工作之一，除了相關遺言（最好是在活著時處理完竣）、遺物及遺體處理，最重要的是與重要他人之間關係的處理。有些當事人希望在生前完成一些自己想做的事（如去某個地點、見某些人、完成自己傳記等），諮商師有能力就可協助其處理。研究文獻上最多的是自殺遺族對於往生者的不諒解、罪己的愧疚感，甚至終其一生都帶著這些傷痛或空洞，這些也提醒諮商師協助當事人處理相關未竟事務的重要性。

　　諮商師在協助當事人處理死亡議題時，自身也遭受許多衝擊，諮商師本身對於死亡、生命意義議題與價值觀也都可能影響著協助過程。此外，在協助當事人與其親友的善後事務之後，諮商師本身的心力耗竭與復原工作，也都要持續進行，才能繼續發揮其專業能力。

小博士解說

　　治療師未採取行動保護重症末期、想加速死亡的病人，通常不會被認為是疏失，然而若當事人處於重鬱狀態，且未罹患威脅生命的疾病，諮商師就有責任採取行動去預防當事人自我傷害（Corey et al., 2011/2014, p.99）。

案例舉隅：測驗與評量

　　明芳在一所小學擔任碩三諮商實習，基於正在進行的一個個案可能有情緒問題，於是她就回系所借了一份兒童與憂鬱量表的題本，想要針對當事人做測驗評估，她的駐地督導是臨床心理師，也認可明芳這樣做。請問明芳可能涉及哪些倫理議題？

可能牽涉的倫理議題

★若明芳之實習機構（國小）未購買這份兒童與青少年憂鬱量表（含題本與答案卷），明芳從系所借出、使用在當事人身上，可能違反版權，會遭到法律訴訟。

★借出量表的系所也需要負起責任，因為基本上系所的測驗或量表是用於教學而非診斷，何況是借出題本。

★明芳的駐地督導本身是心理師，應該很清楚測驗版權與使用權限，但是卻認可明芳這麼做，也要連帶負起責任。

★明芳在學校或許已經接受過心理評鑑相關課程訓練，但並非某個測驗專長，其專業知能不足，卻要進行測之診斷與解釋，違反諮商專業對於測驗能力資格的原則。

解決之道

（一）明芳若認為其當事人可能有情緒上的問題，除了觀察當事人在晤談現場的表現及其他重要他人（如導師、家長或同學）的觀察等資訊外，可用簡單的幾個問題做初步評估（如情緒、睡眠、飲食、興趣、身體狀況等），但不宜自己做測驗。

（二）若明芳很確定當事人有憂鬱症狀的可能性，進一步轉介給督導、身心科醫師等做確認診斷，並協助配合接下來的處置動作（如持續晤談）。

 ACA針對疾病末期當事人臨終照護品質的指引
（**Corey et al., 2011/2014, p.94**）

 讓當事人接受高品質的臨終照護，滿足其身心、情緒、社會與靈性需求。

 諮商師要針對當事人情況進行評估。

 讓當事人接受相關照護專業人員的適切衡量、判斷當事人是否能做恰當理性的決定。

 讓當事人有機會參與臨終照護的每個決定過程。

 盡可能讓當事人有最大程度的自主權。

✚ 知識補充站

　　測驗使用者必備之能力包括：（一）對於特定評估工具的正式學習；（二）對於統計及計量的背景，足以了解信效度、常模、測驗出版者提供的描述性資料；（三）理解測驗的優缺點，且了解要如何運用到不同族群的受試者；（四）有使用測驗的被督導經驗（Welfel, 2013/2015, pp.367~368）。

單元 22 諮商師能力

諮商師需要有智慧（知道如何進行有效協助與自己不足之處）、倫理與情緒能力（知汝自己、自我悅納與監控）（Pope & Vasquez, 2016, pp.106~110）。儘管諮商師接受了三到四年的專業訓練（課程、實習與完成論文），但是整個訓練過程大都是以一般健康成人為服務對象的設計，較少擴及其他族群（如不同發展階段、障礙、特殊議題），因此若諮商師想要針對某族群（如青少年、家庭）或障礙（如自閉、過動、強迫症）或特殊議題（如性傾向、離異、家暴）為服務對象，進一步的訓練或研習是必要的。一般諮商或輔導所會提供若干相關課程（如老年諮商、兒童與青少年輔導諮商、後現代取向、遊戲治療）供學生選修，但是除非學生動機夠強、較清楚自己想要走的方向，要不然大多數諮商所學生會以完成畢業或諮商師高考科目為唯一目標。許多諮商系所為補課程之不足，經常以舉辦研討會、研習方式或演說，讓學生在自願與非自願的情況下、拓展自己的學習領域，然而這些都還大大不足！多數學生在碩三實習時才警覺到自己所學不足，因此會將觸角延伸到大量閱讀或參與相關訓練上。

就美國而言，學生研究所畢業之後，還需要經過國家考試、州政府考試，才可以在該州執業，倘若要以不同專長執業，還得針對不同治療模式（如家族治療、敘事治療）、族群、障礙或特殊議題進行系統教育訓練、督導與認證，才能夠執行該專長業務。治療師若要讓自己專業知能不生鏽，持續且固定參與繼續教育、研討會、閱讀、同儕督導或個案討論，或做研究等，也都是維護專業社團聲譽、保障當事人最佳福祉的做法。

治療師在公私立機構工作，其廣告或用以招徠潛在客源的方式，不能夠超出諮商師的專業能力與服務範圍，當然也不應譁眾取寵，或以非正統或無科學依據的治療為吸引手段。治療師若做研究或將當事人的相關資料做研討會報告或出版，都應該獲得當事人的知後同意，且注意不要將當事人可被認出的身分資料暴露。

擔任諮商師教育的教師（通常是在大學任教），雖然在國內公立學校不能夠在外執業（有些公立學校教師要簽切結書），但是擔任諮商師培育工作，若無臨床經驗的時時磨練，也可能曠日持久、技能生疏，反而不適任，對人才的孕育並非好事。公立學校教師可以在自己學校或其他提供諮商服務之場所尋求擔任義工機會，藉此持續保持臨床智慧與敏銳度。

此外，諮商師若要使用新的療法或技術，一定要與當事人商議，讓其充分了解新療法或技術的優劣或危險性之後，才可以進行。諮商師本身對於自己有興趣的新療法或技術，需要經過進修、教育、督導或認證等程序，同時閱讀大量實證研究結果，才可以進行新的技術與療法，而在進行之前，需要獲得當事人或監護人之知後同意。

案例舉隅：按摩療法

　　何倫是碩二實習生，他的督導會讓他參與觀摩實際的諮商晤談。有一回，何倫看到督導在晤談室裡擺放了許多乳液，等當事人進來，督導就開始用乳液塗抹雙手，接著告訴當事人這是他最近知道的新療法、效果不錯，因此要讓當事人試試。

　　那位女性當事人似乎面有難色，但是礙於對方是治療師，於是就顫巍巍地伸出手來，好像是很害怕地完成了晤談。何倫覺得整件事都很奇怪，於是就請教在校督導。如果你是何倫的在校督導，會怎麼看這件事？

可能牽涉的倫理議題

★諮商師使用新的技術或療法，未說明其利弊就用在當事人身上，違反知後同意原則。
★諮商師沒有正式徵得當事人的知後同意就進行新療法，違反當事人之自主權。
★諮商師與當事人有肌膚的接觸（按摩），在沒有當事人知後同意的情況下，容易有訴訟糾紛，再則也違反了專業界限。
★當事人或基於諮商師的威權，或是在不知、困惑的情況下接受了按摩治療，但是整個過程都懷有憂懼情緒，表示諮商師也不是站在當事人的最佳利益著想。

解決之道

（一）若是何倫之在校督導，可能需要與駐地督導討論按摩治療的適當性，並請其要先行讓當事人了解按摩治療之實務研究結果及利弊，最後讓當事人決定是否進行此類治療。
（二）詢問何倫之駐地督導是否受過此類訓練、有無合格證書？倘若只是諮商師自行決定應用新療法，會有能力資格認定的問題。
（三）告知駐地督導，與當事人有肌膚接觸，可能危及專業關係與界限，若因此讓當事人不舒服，應該道歉或有其他補救之方。
（四）何倫之駐地督導若無改善，在校督導可逕行知會倫理委員會。
（五）即便是實習學生與在校督導討論才發現此情況，駐地督導不能因此而為難實習生、也不宜在其評分上有偏頗成見，而是感謝實習生願意提出疑問，也提醒駐地督導可能違反專業倫理之疑慮。
（六）在校督導持續監控事件之發展。

 有效的諮商師訓練課程（整理自 Corey et al., 2011/2014, pp.310~313）

兼具學術與個人學習，結合教導與經驗取向，並整合研究與實務　重視倫理教育
適當與完整地評估學生學習成果的標準與方式　授課教師展現對不同的理論見解
訓練方案可供學生應用於各類當事人與議題　鼓勵學生建構其生活經驗與個人優勢
提供具有支持與挑戰的環境，挑戰學生檢視其態度與信念　教師的身教與示範
告訴學生自我照顧的重要性，不斷強調健康概念並在生活中履行
提供機會給學生拓展其對自我與他人之覺察

✚ 知識補充站

　　美國諮商師訓練課程內容包括：專業定向與倫理實務、社會與多元文化、人類成長與發展、生涯發展、助人關係、團體工作、評量、研究與方案評鑑（Corey et al., 2011/2014, p.311）。

單元 23 研究與出版

諮商學會鼓勵臨床諮商師對研究有所貢獻，因為實務結合研究，才是提升專業最有效的方式。許多臨床助人者較不喜歡做學術研究，其實在臨床上最容易發現值得探討的議題，而諮商理論也需要靠實務來印證與修正，才能夠與時俱進、嘉惠更多當事人或一般民眾。同時，鼓勵諮商師積極參與研究，提供自身的寶貴經驗與發現，也讓助人專業更上層樓。

諮商師不管在計劃、設計、執行或發表研究時，都應謹守倫理規範，不可傷害當事人或其他人（包括適當掩飾研究參與者之身分）。許多研究可能觸及當事人過往創傷或經驗，也都需要事先規劃補救與預後的方式，研究盡量不欺瞞，若需要欺瞞也要在事先或事後做說明。目前國內積極推動「人體試驗倫理」，就是實現「不傷害」的原則。

諮商師必須要保護研究參與者，包括進行研究前的知後同意、正確說明研究過程與目的、將可能造成的不舒服或危險性都予以說明、回應參與者所有的疑問、說明保密的例外、參與者可隨時退出研究等。國內研究生做論文，以前常常未具專業卻做治療或帶領團體，最近幾年這類情況減少很多，但是在對於研究參與者可能面臨的危險或善後部分，還是較缺乏警覺。若是學生或受督者、法定無行為能力者參與研究，或是針對研究報告的使用，也需要取得其（監護人）知後同意、知會保密相關限制。

目前許多研究生喜歡做質性研究，與研究參與者的距離就較為靠近，此時更需要拿捏適當界限，而之前在治療關係部分所談的禁忌（如性或戀愛、剝削）都要留意。做研究結果報告時，要呈現正面與反面的結果，而不是只報告單一面向的資料，若有錯誤也要負責更正。研究者也應提供正確資料與研究程序，讓未來的研究者可以據以複製研究、驗證其結果。倘若在研究中需要呈現個案資料或案例，要注意掩飾參與者可辨識之資料，不可讓任何人認出來。此外，研究也應對以往的先驅者所做的研究致謝，不要有剽竊的疑慮。研究裡面所引用的文獻要真實呈現，而不是從其他人的著作裡面抄錄下來，卻假裝是自己引用一手資料，這一點在國內的學生論文中經常出現（特別是西文資料）。另外值得一提的是，國內研究生經常是從他人論文中將方法論的部分直接抄襲下來、卻未究其真意，因此造成方法論與實際的研究過程似乎是分隔、不相關的，這其實也提醒論文指導老師要注意學生對於方法論的了解程度、是否能夠適當運用，更重要的是剽竊的後果。現在國內若干學校也引進了論文比對的系統，可以讓指導教授更清楚學生論文的內容真確性如何。但是系統歸系統，最後的把關人依然是指導教授，而需要為論文負責的是學生本人。

案例舉隅：研究與出版

　　某大學院校將學生的一些身心相關測驗放在網路上，讓全校學生都可以填具，以為學校篩選高危險族群之參考。諮商中心主任陳某發現這樣的數據機不可失，於是就令諮商中心所有人員（包含諮商所實習生）要負責將學生資料鍵入檔案，以為自己做研究之根據。中心主任非諮商系所出身，也不具諮商師資格，實習生因為受過專業倫理訓練，於是打電話詢問在校督導，將自己的疑惑提出，請問在校督導該如何處理？

可能牽涉的倫理議題

★陳主任非諮商師，雖不受諮商師法的約束，但是依然違反學術倫理──在未取得學生知後同意的情況下，擅自運用其測驗結果，作為自己的研究資料。
★陳主任違法在先，又以職權威脅實習諮商師協助鍵入學生測驗資料，也有教唆犯罪之嫌。

解決之道

（一）在校督導可與駐地督導討論這樣的情況，請駐地督導採取必要行動。
（二）駐地督導出面提醒該中心主任相關的法律議題，要主任停止目前之行為。
（三）實習學生擔心若一旦揭發，自己的實習會受到影響，但是學生已經願意做吹哨者，也有法律與督導的支持，該中心主任站不住腳。學生可將事情發生經過寫成備忘錄，以為保護自身之措施。
（四）若學生擔心無法持續在該中心實習，在校督導可安排學生到他處實習，並同時知會其他學校督導及教師，了解該中心之情況，並委請該校仔細思考中心主任的能力與資格是否勝任。

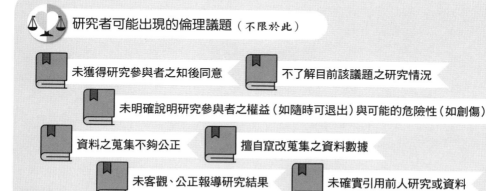

研究者可能出現的倫理議題（不限於此）

- 未獲得研究參與者之知後同意
- 不了解目前該議題之研究情況
- 未明確說明研究參與者之權益（如隨時可退出）與可能的危險性（如創傷）
- 資料之蒐集不夠公正
- 擅自竄改蒐集之資料數據
- 未客觀、公正報導研究結果
- 未確實引用前人研究或資料
- 不清楚研究方法及資料分析
- 未提供補償或修復當事人可能之傷害
- 未獲得量表發展者之同意而擅自使用或改編量表
- 未針對控制組做適當處理

單元 23 研究與出版（續）

　　研究者的倫理責任是：發展可被科學驗證與接受、有意義的結果之研究方案，保護研究參與者安全及權益，公正且正確報告研究結果，以及與同事共同合作、分享研究資料（Welfel, 2013/2015, p.572）。做研究需要得到研究參與者之知後同意，也要尊重參與者隨時抽離、終止參與研究的意願，同時在契約書上也要說明所得資料的運用、出版與銷毀等資訊，基本上在研究中不可欺瞞參與者，除非有證據支持欺瞞的價值（Welfel, 2013/2015, p.575）。目前我國對於有關人員參與研究，訂有倫理委員會審核機制，希望能夠進一步確保研究參與者之安全與權益。以往有些研究者會操弄數據、甚至假造數據（像是達到顯著水準），或者是因為研究結果與其假設不符、或與目前之理論背道而馳，所以隱匿不報或造假，這些都是違反倫理的舉止，也就是將研究者自我利益凌駕於判斷之上（Welfel, 2013/2015, p.578）。真正的研究者即便其研究結果不符假設，也會誠實說明報告。研究也不應該為了經濟（如醫師與藥廠合作）或工作保障而有所偏頗或造假。

　　研究者將研究報告作為論文、教學、投稿或訓練之用，都要注意知後同意與知會參與者資料的使用範圍或閱聽大眾

為何，若要做發表，也要將可辨識的當事人或研究參與者身分做掩飾或改寫。對於研究結果也要讓當事人知道（提供回饋），將研究結果摘要或論文寄給參與者，也是彼此可以商議的方式。在學校擔任諮商師教育者的教師常常需要學生協助做相關研究，要注意界限與角色的問題，畢竟教師的權力位階較高，也有評分之權力，學生的自主參與是很重要的，不要因為研究而影響學生之學業成績或結果。

　　近年來不少學生做質性研究，有些涉及當事人過往的創傷經驗（如家暴、性虐待、自然災難），通常需要針對受訪者可能因為研究而遭受二度創傷後可以自行終止研究或提供其治療修復的管道（及費用）。但是許多學生是以本身尚未具諮商師執照卻執行諮商事務（如帶領諮商團體）的方式做研究，這也違反了研究倫理。此外，國內許多指導教授與學生合作將研究投稿專業期刊，如學生將論文改寫投稿期刊，即便是教師將學生論文做改寫，也應該是列為第二作者。

　　此外，若有多位研究者合作一份論文，其中一人想要將其申請為升等論文，也需要將每人在此論文之分工情況（如百分比）列出，以及獲得其他共同研究者的同意，才能夠將其列為升等論文之一。

小博士解說

　　諮商師做研究或是諮商師教育者做研究，彼此也可以是合作的研究夥伴。諮商師教育者需要有臨床實務的敏感度，才能讓新一代諮商師的知能與日俱進，而擔任實務工作的諮商師，也可以用實務經驗彌補理論之不足或修正理論。

案例舉隅：研究與出版

　　芳盈在一所大學諮商中心實習，她的駐地督導是服務該校的陳老師。有一天快要下班時，督導突然打電話給她、要她幫忙，要芳盈到自己的研究室一趟。抵達督導的研究室時，督導要她簽桌上放著的一份文件，督導說因為她與另一位老師合作論文、投稿某學術研討會，截止時間就要到了，但是她找不到另一位老師簽名，因此請芳盈代簽，好趕上截稿時間。芳盈覺得怪怪的，但是督導一直催她、要芳盈不要壞了她的好事，芳盈在強大壓力下，非常不安地簽了，但是覺得不放心，於是就到諮商中心請教另一位諮商師督導謝老師。

可能牽涉的倫理議題

★駐地督導陳老師要芳盈代另一位作者簽名，這是「偽造文書」，是很嚴重的違法行為，可能因此吃上官司。
★駐地督導運用職權，慫恿他人犯罪，也涉及刑罰的教唆罪。
★駐地督導假借職權威嚇實習生代簽名、做不想做且違法之事，嚴重違反專業倫理。

解決之道

（一）芳盈迫於督導的催逼與威嚴，當下代簽，事後感覺不妥，跑到諮商中心請教另一位督導，是明智的行為。
（二）這位同樣服務於該校的謝諮商師，可以站在同事及同業立場，提醒陳老師有關法律的問題，趕快將學生代簽的文件銷毀。若規勸陳督導無效，也要告訴她可能需要往上呈報。
（三）若陳督導不撤回代簽文件，謝諮商師可以通報該校上級主管以及諮商心理學會的倫理委員會處理。
（四）謝諮商師也要提醒陳督導，不能讓實習學生做違法的行為，而且實習生的錯誤陳督導要負全責，同時不應影響實習生之成績。

 參與研究者的知後同意應包括（ACA code of ethics, p.16）

 正確說明研究目標與以下過程。

 指出可能仍在實驗中或未經驗證的過程。

讓參與者知道有關研究結果的知會管道或方式。

 讓參與者知道隨時可抽離或退出研究。

告知參與者對其有益的其他適當過程。

回應參與者對於研究過程的任何疑問。

 描述保密原則的可能限制。

描述研究可能帶來個人或組織的益處與改變。

 告知參與者研究過程中可能有的不舒服、危險，以及研究者和參與者間的權力差異。

單元 24 遠距諮商與科技

美國諮商學會在數位科技遠距諮商的部分有專章討論。諮商需要與時俱進，因此數位時代的諮商不應只限於面對面的服務，諮商師也需要有科技能力以吻合時代脈動及潛在當事人之需求。只是遠距諮商或使用數位科技產品，畢竟還在起步階段，有許多的技術層面與其他新的情境需要克服，特別是與專業倫理、法律有關的議題，可能推陳出新、需要有創意的問題解決方式，像是知後同意、保密等問題。在知後同意部分，較難確定當事人是否為法定有行為能力的當事人。對於使用科技的能力需要注意：使用遠距諮商、科技或社交媒體的潛在危險，科技產品可能會故障、是否有其他替代方案，期待回應的時間，當諮商師沒空時遭遇緊急情況該如何處理。若像美國幅員廣大還有時間差的問題，文化及語言差異影響服務的提供或效率，社交媒體的政策以及保險公司是否願意買單等。

線上或網路諮商的保密性較容易受到挑戰，因此諮商師對於保密的限制要明確說明，其他關於當事人如何認證，如何維繫治療關係、界限拿捏，治療的有效性如何，當事人是否也善於科技產品之操作，甚至是每個人溝通型態不同、容易產生誤解，加上紀錄要如何保持及保密，都是遠距諮商需要考量的問題。

數位時代的今天，許多當事人會要求加入諮商師臉書的社交媒體，諮商師應該如何做回應？一旦加入之後是不是改變了治療關係？有許多訊息是否會公開？是否違反了專業倫理或法律？有諮商師說將自己的公私帳號分開，但是能夠確保資訊不外洩嗎？手機的使用幾乎是現代人日常生活不可或缺的一部分，許多事務都可藉由手機來達成，然而其便利性也可能造成一按鍵之後，訊息就傳出去，萬一造成錯誤，其後果是很嚴重的。

現代人由於數位科技的便利性，蒙受其利時也同樣遭受其害。遠距諮商雖然幾乎無遠弗屆，但也減少了傳統面對面諮商的人性與溫度，雖然在緊急狀況下容易求救，但是也可能無法及時處理（如當事人已經進行自傷動作），自然也會削減諮商師的效能感或造成創傷。科技媒體因為傳播迅速且有效，許多諮商師在自己的社交媒體上發表接案心得、甚至討論個案，這樣的行為到底是嘉惠了一般好奇大眾，還是滿足了自己的虛榮心或提升其知名度？許多灰色地帶目前還沒有明令規範，卻也可能犧牲了當事人的福祉，這一點還需要臨床實務與學者們持續努力。

小博士解說

現代人用手機通訊及處理許多事務，遠距諮商可以用言語或文字溝通，然而在現代人講求速度的前提下，許多語言與文字的溝通也以言簡意賅為首要之務，卻因為詞不達意或意思未表達完整，甚至是彼此認知與理解的不同，反而造成互動的阻礙或誤解。

遠距諮商的優點與限制（不限於此）

優點	缺點
匿名性	降低當事人為自己問題負起的責任
便利性	當事人對於議題的慎重性不足
虛擬性（可讓當事人跳脫目前處境做研擬與幻想）	虛擬特性可能成為當事人假造或演戲的場域（求助議題的真實性受到質疑）
不受時空限制（也可讓更多人接受諮商服務）	少了面對面的人性與溫度
諮商師可以有較多時間思考	回應時間過長可能影響治療關係
容易較快深入探討議題	當事人非口語行為及情緒不易掌控、較難探索深層情緒
較傳統面對面諮商經濟	也可能要消耗較多時間
可提供當事人文字以外的其他訊息	溝通容易被打斷或分心、無法完整結束
可留下過程紀錄	有些議題不適合做遠距諮商
對不願意尋求傳統諮商者有利	與傳統面對面諮商相形之下，較難發展有效的治療關係
諮商師可為不便外出者量身打造特殊之行為改變策略	複雜或長期性心理困擾者不易治療成功

 ## 網路諮商可能的倫理問題（Corey et al., 2011/2014, p.169）

缺乏非語言訊息，可能誤診或做了無效處置

無法保障保密性與隱私　　諮商師警告或保護他人的責任受限

無法提供自殺或有危機當事人妥當照顧　　難處理移情或反移情議題

網路諮商的匿名性可能讓未成年者冒充、尋求治療

✚ 知識補充站

　　網路或線上諮商是指運用電腦科技的輔助進行諮商服務。目前服務的項目有：資訊提供、個別諮商、團體諮商、督導、諮詢等，然而最重要的是諮商師需要具備使用網路與周邊相關系統的配備與能力，同時要與系統工程師及法律專業人員合作。

單元 24 遠距諮商與科技（續）

　　網路諮商的便利性，讓許多傳統面對面諮商的功能獲得補足，也讓許多不便接近或不願意接近傳統諮商服務者有另外求助的管道，甚至有研究者發現可增加男性求助的意願與機會，但是也有其限制，包括諮商師科技知能不足、不熟悉相關法律與倫理等。Corey 等人（2011/2014, p.171）認為單一使用線上諮商有其諸多限制，建議將線上諮商與傳統諮商做結合，提醒諮商師利用一至三次面對面晤談以決定使用網路諮商的適宜性，同時在面對面晤談時將相關的一些倫理議題（如諮商歷程、知後同意、評估診斷、諮商目標與處遇計畫等）做溝通及說明，屆時進入遠距諮商之後，可以監控當事人之作業進度，必要時穿插使用傳統面對面晤談。這樣的考量似乎是針對無法經常長途跋涉或經濟情況較困窘的當事人。同時，Corey 等人（2011/2014）認為某些議題（如生涯、教育）較適合線上諮商方式，其他較為深層的議題或人際問題則不適宜。傳統治療師在使用網路諮詢或諮商數次之後，對於需要傳統面對面晤談的當事人，會邀請其出現在諮商室，做更進一步及深層的治療，這也是傳統諮商與遠距諮商慣用的方式。

　　使用數位科技較多是年輕族群，有些未成年者較容易使用線上諮商的服務，諮商師如何認證其身分、取得監護人之同意、資料保密限制等，也都是需要考量的倫理議題。倘若當事人處於立即的危險性狀況，諮商師有無能力搜尋其 IP 位置、通知相關單位處理（或是與相關危機管理單位有聯繫），這些都是潛在的倫理議題，值得進一步探討與規範。

　　一般國家都設有緊急熱線電話（如 119、113、1995），這些熱線電話搭配相關的助人專業者，或許可以讓其功能更增進，然而許多的緊急熱線可能被誤用（如被用來作為性騷擾、聊天），讓其功能受到折損，這也是相關單位始料所未及，但卻又不能因噎廢食。電話諮商也可以補足傳統諮商的不足，甚至在緊急危機狀態下可發揮有效處理功能，或許可以搭配不同型態的諮商服務模式，讓協助更到位。

　　有關線上或遠距諮商部分，需要更多的實務工作者投入研究、發現更多的問題，然後才有可能對症下藥。而在科技日新月異的今日，手機使用普遍，其功能也與日俱增，傳統訓練下的諮商師需要有更多相對應課程（如電腦科技、防毒、隱私權之保障等）的訓練，才可以因應時代的進步與民眾之需求。

小 博 士 解 說

　　一般認為線上諮商可以補足傳統諮商，但不可取代傳統諮商的功能，因此如何結合不同的諮商服務形式，讓潛在的當事人可以受到最佳照護，是目前需要努力的重點。

案例舉隅：線上諮商

　　羅諮商師喜歡用網路協助當事人，他也認為這樣的服務方式可以嘉惠更多潛在的當事人。他用網路方式搜尋當事人的相關資料，藉此了解當事人，將每次與當事人的對話保留起來極為方便、不需要另外做紀錄。更讓他喜愛的一點是：他的當事人會介紹其他當事人來使用他的服務，讓他的收入與粉絲更多。但是這樣的好景不常，當他碰到當事人Ａ小姐，動輒出現一些狀況，不是鬧自殺就是覺得自己快死了，搞得他很難繼續諮商關係、很想斷絕，但是他又擔心會影響到他的固定客源與聲望。羅諮商師雖然也提供了轉介管道給Ａ小姐，但Ａ小姐不願意離開，她的理由是：不想要重複敘說自己的故事，同時提醒羅諮商師「他不應該拋棄案主」。

可能牽涉的倫理議題

★羅諮商師使用線上諮商，並未做篩選當事人的動作，雖然帶給他諸多利益，卻也使得治療關係無法結束。若斷然中止諮商關係，恐怕也危害到當事人利益。
★羅諮商師運用當事人介紹的方式，持續拓展其業務，是否因此而違反廣告或其他相關倫理，也是可以探討的議題。
★羅諮商師利用網路搜尋當事人資料，對其了解當事人或許有用，但是是否也可能違反一些隱私權、妨礙其治療關係？其搜尋當事人資訊是否只為諮商之用，還是有其他目的？
★羅諮商師是否因為業務之故，使得當事人對其產生依賴，因此不願意結束治療關係？

解決之道

（一）羅諮商師對於諮商關係、療程與計畫，甚至中斷治療等，都需要讓當事人事先很清楚（知後同意），這樣才有助於治療之進行與療效。若當初未做到這些，可以補做就去進行。
（二）諮商師固然可以從許多管道蒐集資料，但是最直接的方式還是從當事人口中或其相關醫療紀錄那裡取得，而不是從網路上得知。
（三）羅諮商師對於與Ａ小姐之間的諮商關係似乎是尾大不掉、很難取捨，或許可以安排面晤諮商數次，看看治療進程如何？該如何做處理？最好取得雙方之共識。
（四）羅諮商師可以尋求資深諮商師的意見，看看這樣的情況該如何作結。

 網路諮商的優勢與劣勢（整理自Corey et al., 2011/2014, pp.167~169）

優勢	劣勢
對於面臨危機情況（如自殺或殺人傾向、週期性精神疾患、嚴重心理壓力者）之人有其價值	不適用於複雜、長期心理困擾之當事人
讓更多人接受服務之潛力	如何將傳統諮商運用於遠距諮商
對於不願意求助於傳統治療者有利，彌補傳統治療之不足	許多使用網路的諮商師缺乏相關倫理與法律知能
提供潛在有利之治療方式	隱私、保密與資料的有限性
諮商師可為不便於外出者量身打造特殊之行為改變策略	專業證照與潛在濫用等法律及倫理議題
線上團體讓男性可表達其情緒與個人關切議題、減少男性受制於其刻板印象	網路介面的平等性
增加時間安排的彈性	教育當事人知後同意的困難
適用於解決問題取向、吸引消費者	難發展有效的治療關係

單元 25 團體領導專業倫理：原則與資格

諮商團體的領導者是治療師，除了受專業倫理的約束外，在帶領團體時也要注意與團體相關的倫理議題。美國團體工作專家協會（Association for Specialists in Group Work, or ASGW）裡面有倫理原則的相關規定。專業倫理與法律也有重疊處，兩者不同之處在於法律有其強制力、且有相關罰則，專業倫理委員會基本上是以軟性、道德約束力在執行。但是光靠倫理原則，也無法保證諮商師可以帶領有效的團體，最主要還是靠諮商師本身持續檢視自己的道德承諾與理解（Gazda, Ginter, & Morne, 2001, p.83）。諮商師必須要持續參與繼續教育，甚至持續有督導可以諮詢、監督與討論自己的團體工作，此外也要反省自己的個人生活，不要讓未竟事務或反移情阻礙了領導團體的效能。

團體專業倫理是植基於執業者的行為原則，藉由這些原則來建立執業標準以服務大眾。專業倫理行為的維護與提升，主要是靠諮商師的自我了解，諮商師不應為自己的利益而帶領團體（Berg, Landreth, & Fall, 2006, p.82）。諮商師的專業倫理依據的核心理念是（Gazda et al., 2001, pp.98~99）：

（一）**不傷害**：不傷害當事人。

（二）**自主性**：尊重當事人自決與獨立的能力。

（三）**福祉**：提升當事人之利益與福祉。

（四）**正義**：公平或公義，也尊重當事人的尊嚴。

（五）**忠誠**：不誤導或欺騙當事人，信守承諾。

（六）**尊嚴**：尊重每一位當事人，不羞辱或讓當事人難堪。

（七）**照顧與熱情**：關心當事人，同時維持適當的人際界限。

（八）**專業表現**：展現能力與自信，以自己的工作為榮，也盡量表現稱職完美。

（九）**可靠性**：提供優質的服務、承擔責任。

團體領導者資格

最好的領導者是有足夠的自我知識、時常檢視反省與繼續進修，以及有領導團體的能力者。針對團體領導者應具備的資格，Gazda（1982, cited in Berg, et al., pp.81~82）提出了以下的條件：

（一）有清楚的團體規則引導他／她在團體中的領導模式。

（二）應有自信且情緒穩定度足夠。

（三）擁有敏銳覺察與溝通能力。

（四）有堅實基礎來解釋行為改變的原因。

（五）有證據證明其受過適當團體實務訓練。

（六）有證據證明其領導是有效的（如團體後評估）。

（七）擁有必要的證據證明其接受相關訓練（如青少年團體、現實治療訓練證書）。

（八）若無專業證書，也應在專業認可的督導下執業。

（九）參與繼續教育與進修。

美國諮商師學會（ACA）認證（CACREP）的團體領導條件（不限於此）

了解團體動力原則(包括團體過程要素、發展階段理論、團體成員角色與行為發展)

領導者風格與取向(包含不同領導者類型與風格)

團體諮商理論(包括共通點、不同特色與相關研究)

團體諮商方式(包括領導者理論取向與行為、倫理考量、適當篩選標準與評估)

其他類型的小團體取向、理論與方式

 初入門的領導者最好的準備（Berg, et al., 2006, p.81）

做個別諮商	自我檢視未竟事務或是可能妨礙擔任團體領導者的障礙。
特別課程指導與訓練	了解團體運作的技巧與處置方式。
參與團體	去真實體驗作為團體成員的感受，也可以觀察學習領導者的情況。
受督導經驗	資深領導者可以協助新手去修正處置方式、減少焦慮，也可以評估受訓者是否適任。

 培育團體領導者最佳流程

修習團體動力與團體諮商課程 → 觀摩教師或其他團體領導之實作 → 課堂上先練習帶領同學或同儕的團體 → 觀察不同團體的運作（觀察員）

實際參與(不同)團體，體驗團體氛圍與動力 → 與另一同儕擔任實際的團體領導 → 獨自在督導協助下帶領團體 → 獨立設計與帶領團體

單元 26　團體領導專業倫理：領導者訓練

（一）接受相關訓練與受督導

領導者在擔任團體領導之前，必須接受相關的團體理論與實務訓練，同時在被督導的情況下開始實務的工作。ASGW 要求團體領導者至少受過四個領域的訓練，它們是任務（或工作）團體、教育心理或輔導團體、諮商團體、以及心理治療團體（Gazda et al., 2001, p.103）。最有效的領導者訓練需要：正式課程訓練、受督導的臨床工作、繼續教育、足夠的自我知識及自我省思（自我了解、態度、價值觀與生活方式）、了解人類發展、人際關係的運作等（Berg, et al., 2006, p.241）。

（二）專業上的繼續成長

領導者需要持續在專業上做成長，而專業上的成長與自我成長不可分。

領導者參與相關的研討會或個案研討、做研究與閱讀新近專業期刊，或是自己去找治療師做個別諮商或團體諮商，甚至固定有同儕討論或督導，必要時諮詢資深領導者等。諮商師自己也擔任督導時，也要注意對督導者的責任，尤其是專業倫理的監督部分，因為督導者需要概括承受受督者的一切（有連帶責任）。

（三）權力位階與使用

團體領導基本上位階與權力較高，要謹慎使用自己的影響力，不可藉此剝削成員（包括發展親密或其他關係）或強迫成員做他們不想做的事。領導者最好避免與成員有治療後或是雙重關係，因為多一層關係，就可能涉及倫理考量，增加判斷的危機與複雜性。領導者適時且適當的自我揭露，可以提供成員很好的示範，也讓成員覺得領導者不神祕、身段較平權，但是領導者要隨時注意自己的揭露是否適宜？是為了自己還是為了團體？

（四）有堅固的理論基礎

領導者需要有堅實的理論基礎，才有能力引領團體的運作與方向，倘若不知道自己的核心理論為何，通常無法帶領團體成員往可欲的方向前進。領導者所有的思考與處置（介入）方式，也都與自己的理論背景有關係，都有正當理由，而不是為了填補時間，或是讓成員覺得有趣而已。

（五）謹慎使用技術

使用在團體中的技術或活動，主要目的是催化成員的互動。團體領導者要謹慎使用技術，有些技術可能會引發強烈的情緒，領導者要知道該如何處理，要不然很容易嚇壞成員、甚至造成成員的流失。領導者在使用某些技術之前，需要了解自己為何要使用？有無能力使用？若採用新的技術，也要讓成員知道其功能與可能需要注意的事項或風險。

小 博 士 解 說

訓練團體領導者時，基本上還是從「結構性」較強的團體開始，訓練領導者的設計能力與因應能力，然後慢慢放鬆團體的結構，最後可以帶領無結構性的團體。此外，團體要成功，領導者所設計的活動與團體進程是否足夠吸引人也很關鍵。

有效團體領導者訓練（Berg, et al., 2006, pp.72~80）

觀察學習 受訓者可以從觀察大師級（錄影帶）或資深領導者實際運作團體，然後與督導討論。

現場實習 受訓者在課堂上練習帶領團體，可以有第一手經驗，也得到最直接的回饋。

模擬練習 讓受訓者組成一團體輪流擔任成員、領導者與觀察員。

團體演員 可以請演員們擔任團體成員，讓受訓者帶領此團體。

 不同形式的諮商團體

團體類型	說明
結構性	有、無或多寡
長短	時間有限或無限
組成成員	固定或流動
開放或閉鎖	讓新成員加入或不允許成員繼續加入
一次性或多次性	馬拉松式或有既定次數
教育、訓練或治療	目的不同
同質或異質性	依據成員類別選擇單一或多元

單元 26 團體領導專業倫理：領導者訓練（續）

（六）注意身體的接觸

有時候領導者採用一些活動，可能是畫圖、演劇，或是有肢體的碰觸，這些也都要考慮到參與成員是否有禁忌、願不願意配合？最好是事先徵得同意。倘若服務對象是遭受過肢體暴力或性暴力者，其對於身體的接觸會特別敏感，也要特別留意。

（七）具備多元文化知能

團體領導需要具備多元文化的知能，才有可能尊重成員、有效帶領團體。每一個人背景、性別、種族、經驗、社經地位或階級、能力、或語言不同，也都是一個文化，需要被接納與尊重。領導者先要了解自身文化所從出，也要對成員的文化有所認識與了解，領導者願意學習的態度最重要，也要注意自身的價值觀是否影響自己對待不同文化成員的方式。

（八）尊重與保護不同背景的成員

延續上述，領導者要有多元文化的知能，在團體中尊重不同成員的背景與文化，也要防止與保護成員因為自身背景或信念、生活方式、種族、性別、性傾向或能力等不同而遭受其他成員攻擊。

（九）對於相關議題不熟悉者不宜擔任領導

團體領導者的能力不足，特別是對於服務族群與相關議題（如失能者、受性虐待者）不熟悉者，最好不要擔任團體領導的工作，這不僅是違反專業倫理的行為，同時可能對團體成員造成傷害。

（十）自我覺察的責任與努力

領導者需要持續且負責地自我覺察，若有協同領導者一起觀察與討論當然最好，如果是自己一個人做團體領導，也需要時時覺察自己在團體中的行為、感受與思考，做反思日誌，甚至定期參加督導或同儕討論，也都可以讓自己的專業與個人成長更精進。Corey（2008/2009, p.68）認為團體帶領者應該要先做適當的自我整理、個別諮商，參與團體諮商或個人成長團體，也參與訓練與督導團體。如同參與團體的成員一樣，因為團體張力大，在團體中所談論的議題是生活中常見的，當然也可能會觸及領導者的生命經驗，因此領導者也要先做自我整理、增加自我強度，然後才可以有效能地帶領團體。

（十一）結束的處理

團體領導在團體時間之外，也需要讓團體成員可以聯繫上或是做諮詢。團體領導者要讓所有成員都體驗團體結束，成員有機會對彼此說再見、繼續過生活。團體就像生命際遇一樣，有開始、也有結束，做了很好的結束動作，也象徵著成員學習分離，並將在團體中所學運用到團體外的實際生活中。對於次數有限的團體，領導者也要提醒成員團體剩餘的次數，不要在團體快結束前才聲明，容易引起成員情緒反應或退縮，也影響團體的動力。最好是每一次團體都可以做很好的開始與結束。團體結束前，要記得團體是否有未竟事務要處理？稍後有無追蹤評估的會面？團體的追蹤評估可以讓領導獲得回饋、團體的有效性與影響如何，也讓成員探討自己在團體中所學，處理團體結束後的失落等議題。

案例舉隅：團體成員爭執

　　明華擔任一個成長團體的領導，這是她自全職實習以來獨自主帶的第一個團體，因此她相當期待又焦慮。因為在社區機構帶領團體，報名人數不踴躍，使得她最後只能讓所有申請的人進來團體。團體內有六名女性成員，因為主題是「成長團體」，所以她認為應該不難帶。團體剛開始第一次，氣氛就有點詭異，但是她說不上來。不過她也發現有一位成員似乎與其他成員格格不入、總是自己一個人，連中間休息時間也不例外，明華前去關心，該成員（姑且稱之為 B 成員）只是說她還沒有習慣團體。第二次團體剛開始不久，團體中的 A 就開始挑剔 B，甚至用攻擊的字眼，明華想要保護成員 B，但是卻發現其他成員也針對 B 做攻擊、呼應 A，最後幾乎變成所有團體成員在排斥 B。雙方交火，明華根本無置喙之餘地，幾次喊停無效之後，明華將 B 拉開、帶她到走廊上，但是 B 哭著說犯錯的不是她，為什麼她要受到懲罰？明華很沮喪，當天找督導討論，明華擔心若 B 繼續待在團體裡一定會持續受到攻擊，但是若將 B 請出團體似乎又不公平，況且團體若剩五個人，任何一位成員請假都會造成問題、甚至流會。你若是明華的督導，會考慮到哪些倫理面向？該如何處理？

可能牽涉的倫理議題

★明華身為諮商師、領導該團體，理應保護團體成員免受傷害，更何況是其中一位成員受到其他成員的集體攻擊。

★明華若擔心自己的團體因人數不足而不能成局，可能是自私的考量，未將團體成員的福祉放在優先位置。

★團體就是人類社會及人際關係的縮影，有權力與控制的議題出現在團體中，也會涉及倫理議題，團體領導者要關注這個動力關係。

解決之道

（一）看此情況，A 似乎是一個領袖，她也可能在接下來的團體過程違抗明華的領導。

（二）這是團體中的權力議題，雖然不同成員可能彼此之間尚未熟悉，但是卻已經彰顯許多人際議題，值得在團體中釐清與討論。

（三）明華將 B 帶開，是當下可以做出的最好行動，雖然 B 不免會覺得不公平，因為她認為自己是受害者。團體中有問題應該要在團體中解決，因此接下來可能要嘗試與留下來的成員一起討論這個問題，重申團體諮商的危險性與學習。

（四）明華可以讓 B 了解團體的張力、詢問 B 願不願意退出目前這個團體，並提供其他團體的相關資訊，先安撫 B，了解其對此事件的感受與想法，甚至可建議 B 先參與個別諮商，看是否較適合其需求。

 領導者文化能力的檢視（Schneider Corey, Corey, & Corey, 2014, p.15）

 了解有關性別與性傾向的相關議題，可以在團體中做建設性探索

 了解不同社會、環境與政治因素，對於問題評估與介入處理的影響

 尊重成員在其文化裡擔任的家庭和社區傳承的角色

 讓成員了解團體過程中隱含的基本價值觀與期待（如自我揭露、反思自己的生活與冒險）

 協助成員了解他們的有些問題可能源自他人的種族歧視或偏見，那麼他們就不會將環境中的偏見內化為歧視

 尊重成員的宗教與靈性信仰及價值觀

單元 27 團體領導專業倫理：領導者責任與注意事項

領導者需要依據自己的核心理論與個人性格，整合出一個最有益於團體的領導風格，同時要不斷進修與反思，才可能在領導團體時表現出自信與自我悅納（Berg, et al., 2006, p.173）。領導者自身要很清楚自己對於不同事物的價值觀，同時也要隨時覺察自己的價值觀對團體的影響，除了不能強加自己的價值觀在成員身上，也要注意其他成員是否有類似的情況，還要注意與尊重多元文化可能有的不同價值觀與差異（像是養兒育女與孝順父母的想法）。成員間若有價值觀的衝突時，要提醒成員去傾聽與尊重不同的觀點，也做適時的介入處理。

在團體正式進行之前，團體領導者需要篩選適合團體目標的成員，萬一讓不適合的成員進入團體，不僅會毀掉團體，還會讓其他成員有受傷的團體經驗。有些機構會以成本為考量，盡量讓更多的成員參與，或者有時候領導者沒有機會篩選成員，很容易就讓過多的人參與團體、或讓不適當的人在團體中，可能占用了其他成員的時間、甚至無法達成團體預計的目標。因此諮商師最好在帶領團體之前，有機會與團體成員見個面、了解一下大家的團體經驗，同時建議某些成員先去做個別諮商做自我整理後，再來參與團體，其收穫較多。

（一）知後同意

在團體尚未成立之前，可以有個說明會，讓潛在成員知道將有怎樣的團體、是否符應他們的目標，而這些資訊也可以協助他們決定是否參與團體。基本上若是成人團體，還是需要例行式地取得每位參與成員的「知後同意」書，說明團體性質、領導資格、團體目標、可能的冒險與收穫、如何有效利用團體與需要遵守的倫理規範。白紙黑字的「知後同意」書載明了領導與團體的責任及義務，讓所有參與團體的成員都有所依循。Schneider Corey 等人（2014）強調「知後同意」應該是持續進行的過程，也就是隨著團體階段或情況不同，必須做一些調整。

倘若參與團體的成員屬於未成年、或是法定無行為能力者，就需要法定監護人簽署「知後同意」書，若有特殊原因（如受虐兒），則可依法辦理。許多家長或學校老師對於諮商的功能認識還是很模糊，除了對諮商有汙名、誤解之外，還認為將自己孩子送去團體表示自己的孩子有病或有問題，因此也不願意簽署「知後同意」書，這時候就需要諮商師或是學校輔導教師努力去說服師長。此外，學校教師（特別是級任老師）通常會將「不喜歡讓他／她待在教室裡」的孩子送到團體裡面來，也不管團體的屬性或主題為何。如果未取得「知後同意」就進行團體，可能會有紛爭或是法律上的疑慮。

案例舉隅：團體知後同意

　　小戴正在做諮商實習，實習督導規定他必須要錄影諮商團體的現場一次，作為評分的一部分。他先是一個個問團體成員錄影的意願、並簽下同意書，但是其中有兩名成員不願意被錄影，擔心自己所說的事被他人聽見，於是小戴在錄影時就不將此二人拍攝進去，但是整個團體進行中還是錄到了這兩名成員說話的內容。請問小戴這樣的做法如何？有無違反倫理之疑慮？

可能牽涉的倫理議題

★錄音、錄影或攝影都涉及保密的倫理，雖然小戴是依照督導的要求做錄影動作，但是錄影基本上需要全體成員的同意才可以，不能因為某些成員不同意，而將鏡頭放在同意的人身上，認為這樣就可以合乎規定。

★小戴進行錄影也牽涉到成員隱私的問題，雖然小戴實習有督導，其是否已經讓所有成員知道、並同意將團體中成員的情況向督導匯報？

★成員是否會因為錄影之故而在團體中表現得與往日不同？這樣對整個團體的進度是不是有影響？會不會影響到成員的福祉？小戴有沒有考慮到這樣的影響以及思考可能的補救之方？

解決之道

（一）小戴若無法得到所有成員的知後同意做錄影，就應該找督導詢問其他方式（如臨床摘要、錄音等），而不是擅做主張、只拍攝團體中的若干人就以為無事。

（二）小戴的這個行為也反映了他本身對於權威人物（如督導）或評分的害怕或擔心，反映出個人議題需要進一步探究。

 為何需要團體？（Jacobs, Masson, & Harvill, 2009, pp.2~5）

經濟效益	就時間與需要注入的心力來說，比較有經濟效益。因為個別諮商是一對一，團體諮商是一對多，在人力不足的情況下（特別是學校單位），團體諮商是最符合經濟效益的，不管是在建議或諮詢、價值澄清、個人成長、支持與問題解決議題上都是如此。
共同經驗	發現自己不孤單，因為其他人也有相似的經驗或關注議題。
更多樣的資源與意見	若有許多人在團體中，自然可以提供的資源或意見就更多，使得團體經驗更有趣、更有價值。
歸屬感	團體成員因此而認為自己是團體中的一員、有個屬於自己與依附的團體。
技巧練習	團體可以是一個安全與支持的場域，讓成員們練習新的技巧與行為，然後將其遷移到團體外的日常生活中。
回饋	團體成員間彼此可以接受回饋及回饋給對方。
替代學習	成員之間有類似經驗或議題分享，包括成功與失敗的經驗，從他人的經驗中可以間接學習到許多知識與技巧。
真實生活的情況	團體像一個社會縮影，也較貼近真實的生活情況，可以暫時性地取代所生活的社區。
承諾	團體成員也會因為團體的期許與同儕壓力，而更願意承諾做改變，像是戒酒匿名團體、戒菸、減重團體等。

單元 27 團體領導專業倫理：領導者責任與注意事項（續一）

（二）知會成員需要承擔的風險

成員越能積極參與團體，其收穫相對增加，因此領導者在團體過程中會努力催化成員參與團體，然而也需要在成員參與團體之前，讓其了解參與團體可能需要冒的風險，包括自我揭露的程度、保密的有限性、改變的代價與抗拒、擔心被批判或表現情緒等。

雖然有些成員個性害羞、退縮，在團體中較為沉默，但是領導者也不應該強迫其發言，而是可以運用不同的催化技巧（如繞圈子），讓成員願意對團體有貢獻。成員本身也會受到團體的壓力，畢竟當大家都熱切發言、自己卻保持緘默，就得承受其他成員無形中給予的壓力。

（三）保密原則與限制

團體成員需要彼此信任，這樣的團體才可能成功，加上成員在團體中需要冒險、披露有關自己的私人事務，因此「保密」條款相當重要。當然也有例外，像是有人受傷或有被傷害的可能性，所以團體領導要教導成員有關保密事宜以及該注意的事項，而且在團體進行中都要注意、做必要的提醒。團體要進行保密工作不容易，因此也要提醒成員保密的困難度，但是並不因此而忽略保密的重要性，需要每位成員做好保密工作。

有些成員會在團體外分享自己在團體中的感受、體驗與收穫，這無可厚非，只是他／她不能提及一些特殊事件或發生在某人身上的事件，因為這就涉及洩密。領導者也要提醒成員，在許多情況下可能不經意就洩漏了團體的秘密，該如何處理與因應。此外，團體內若有其他「小團體」（彼此熟識、或是有親密關係）存在，的確可能會破壞團體，因此要特別注意，有任何事情都拿到團體中來討論與決定是最好的。

若成員是未成年或是行為能力受限制，或成員是經由不同管道（如教師或法院）轉介而來，團體領導者也會被要求將成員的表現「報告」給監護人或有關單位的負責人（如觀護人），這時候該呈現怎樣的內容呢？為了預防成員的私密被洩漏，領導者可以較為模糊地交代成員在團體中的分享內容，不需要鉅細靡遺。然而若有危機事件，最好的方式還是詳實記錄發生的一切與處置情況，這是諮商師負責的行為，也可以在有疑慮時（如官司訴訟）保護自己。諮商師若是在督導之下做團體實習或訓練，也要徵得成員同意來進行團體，需要錄音或錄影、做個案研討，也都需要成員的書面同意，在討論個案時，也要注意不洩漏成員的個人資訊。有關團體的紀錄，也必須要謹守保密規定，不讓不相干的人接觸到這些資訊。

成員基本上不會刻意洩密，多半是無意間所犯的錯誤，領導者可以舉例說明，讓成員更容易了解如何保密。倘若領導者懷疑有洩密情事發生，就應該在團體中立即討論與做解決，找出成員都同意的方法。也要提醒成員世界很小，有時候就不經意洩漏了團體成員的秘密，這會影響成員對團體的信任以及團體的成效。

此外，領導者若是在被督導的情況下帶領團體、諮詢督導有關團體議題、做研究或個案報告，也都應該事先徵求成員之同意並告知情況，也要注意成員的匿名性（不可洩漏相關可認出之個人資料）。

團體成員需要承擔的風險

自我揭露	團體成員的自我揭露需要勇氣、也做適當的冒險,成員也要自行評估冒險與獲得之間的平衡,成員也擔心萬一自己揭露太多,會不會讓自己顯得脆弱、或是對自己不利?相反地,若是揭露太少,會不會就距離團體更遠?也會讓其他成員受到影響,不敢分享太多?因此到底應該揭露多少,還是看得成員願意冒險或收獲的程度而定。
成為團體的「代罪羔羊」	團體領導應該預防成員受到身體、心理或情緒上的傷害。有些成員可能容易或害怕成為團體中的「代罪羔羊」及被攻擊的目標,尤其是種族或文化背景不同者,領導者也要特別注意這一點,適時做阻擋或制止的動作。團體初期時,許多成員都持觀望態度,也擔心自己說出不一樣的意見或遭到攻擊或撻伐,領導就要鼓勵這樣的多元角度與行為,說明這正是團體成員可以互相學習的重點,也重申或提醒成員以尊重與接納的態度來聆聽不同的意見。
擔心面質或批判	成員也會擔心被截破或是面質,面質的原因可能是因為無建設性、或被批判,因此領導者可以示範與提醒成員,不要以批判口吻,而是以描述行為的方式表達,像是:「剛才我在談到自己受傷的過程時,我發現你一直低頭,我不清楚這表示什麼?我很想知道。」
情緒的表露	成員最先展現的「利他」行為,容易以建議或是安慰的方式出現,有時候當事人可能還沒有準備好接受建議,或是這些建議已經使用過,反而會讓提的人覺得自己的意見未被採納、感受不佳。偶而成員可能因為情緒激動、或哭出來,許多成員可能就會趕緊提供紙巾供其拭淚,這樣的動作是否會阻止當事人的情緒抒發或是安撫,也是見仁見智。 通常領導者看到這樣的情形,可以說:「沒關係,表示這個團體已經讓你/妳可以表現出自己的真實情緒,而不會覺得不自在,你/妳準備好了就可以隨時加入,我們都在這裡。」有些成員也怕自己會情緒失控或崩潰,尤其是在團體的場合,許多議題都可能觸碰到自己的傷口或未竟事務,因此參加團體前的個別諮商或整理,有助於自己釐清一些迷思,也較能有效利用團體功能。
在團體壓力下倉促做決定	有時候當成員很相信團體時,可能在團體的氛圍下會做出倉促的重大決定,此時團體領導就要適時提醒,以免成員做了錯誤的決定。像是成員參與女性成長團體,突然間可能想要離開自己不滿意的婚姻,這時領導就可以引導到團體中深入討論,甚至可以將成員分成兩組說出離異的優劣處,供其參考,但是避免做衝動的決定。
衝擊到個人未處理的議題	團體所談論的議題都是我們生活中會遭遇到的議題,因此儘管有些成員認為自己準備好了、應該可以在團體中談論這些議題,然而結果並不是如此!有些人會被挑起未竟事務,使得傷痛更大,或是有人願意趁此機會好好做整理。領導者本身當然也可能有這樣的議題,自己必須要做整理,不要讓自己的議題或價值觀影響了團體過程與效果。
改變要付出的代價	成員在團體外做改變,可能會遭遇抗拒或是其他阻礙。

 以下的情況可能必須要破壞保密的規定
(Schneider Corey et al., 2014, p.71)

領導正在接受督導　　有兒童或老人受虐　　法院命令要提供資訊　　成員簽下同意書,願意透露資訊　　知道有成員可能會傷害他人(包括財產)或被傷害

單元 27 團體領導專業倫理： 領導者責任與注意事項（續二）

（四）雙重或多重關係

領導者先是要注意權力的平衡，因為領導者就專業立場來說，是較具權威的地位；再者，若諮商師也是教師（如大學裡的諮商師教育者），也較容易有角色上的衝突，畢竟教師有評分權，而諮商師則是與學生維持較平權的關係。

通常是角色越單純，就比較沒有問題，只是有時候現實情況不是如此，諮商師就必須要謹記倫理上的規範與注意事項。在團體中可能會有的雙重關係包括：（1）諮商師在學術／校機構，同時擔任教師與諮商師，倘若學生參與團體，又加了一層關係；（2）領導者曾是某成員的個別諮商師；（3）領導者發現成員裡有人與自己個諮的當事人有關係（如夫妻或手足）；（4）諮商師與某成員彼此互相吸引；（5）諮商師目前也擔任某一成員的治療師。領導者不應與成員發展治療外的關係，若是被成員吸引，也應該在團體中做公開討論，因為團體成員對於團體內的關係是很敏感的，倘若領導者因此不適合繼續帶領團體，也要有退出之打算。

如果團體諮商要收費，也要注意盡量不要以服務或物品來做交換，因為這樣關係就會改變（領導者變成顧客或消費者），此外收受禮物也要有所規範。學生若因應課程要求而參加團體，其團體表現不應該被評分。領導者若在私人機構執業，也不應做推銷或招徠學生為團體成員。領導者當然也不應該讓與自己有關係的人（如家人或朋友）進入團體，以免造成角色混淆或不公平。

有些成員在參與團體進行之前，彼此已經認識，或是團體成員在團體中發現彼此吸引，也在團體外發展親密關係，這些很容易就形成所謂的「小團體」（subgroup），當然也可能分享在團體中的經驗，容易違反保密原則。團體的內涵也決定了團體外關係的發展，有些成員會在團體結束後自己形成另一種自助團體（如愛滋互助團體、戒酒匿名團體），持續提供彼此的支持，是值得鼓勵的。

（五）轉介的情況

團體領導若遇到適合其他治療形式的當事人，也需要做轉介的動作。像是發現潛在成員可能有情緒上的嚴重困擾、或是功能受損，就需要轉介給身心科醫師做進一步診斷與治療，同時與醫師合作、監督成員的進步情況。有些成員也許需要先做自我整理、然後再參與團體，其效果更佳，也可以先轉介做個別諮商。

（六）領導者不強迫成員或是將自己的價值觀強加在成員身上

領導者的自我檢視工作非常重要，唯有自己持續不斷做覺察與檢視工作才知道自己需要注意與努力之處，尤其是個人之價值觀，若沒有第一次接觸的衝擊經驗，往往很難覺察到、而且很容易被忽略或不處理，這樣帶到團體裡，就可能會造成無意間的傷害而不自知。

學校輔導教師在進行團體前必須要做的事（Moore III, 2004, p.13）

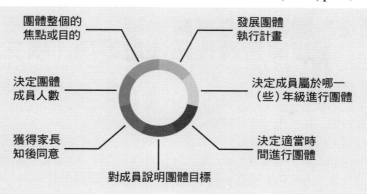

團體整個的焦點或目的

發展團體執行計畫

決定團體成員人數

決定成員屬於哪一（些）年級進行團體

獲得家長知後同意

決定適當時間進行團體

對成員說明團體目標

 領導者權力濫用的可能徵狀
（Hass & Malouf, 1989, cited in Berg, et al., 2006, p.96）

領導者會去討好、加深印象、或去處罰某位特定成員

不正常的自我揭露（通常是過多）

權力濫用

會延長團體時間或期待某成員繼續留在團體中

期待團體時間

 領導者的自我覺察項目（不限於此）

❶ 我相信團體的功能與力量嗎？

❷ 我在團體中可以很自在嗎？

❸ 我會不會急於想要討好團體成員？

❹ 我是不是以成員喜愛我的程度來評估自己領導團體的有效性？

❺ 我對自己帶領的團體對象、主題是否有深入了解？

❻ 我是不是想要掌控全場、常常擔心自己對場面失控？

❼ 我是不是對於成員強烈的情緒不敢處理？或是容易以忽略的方式處置？

❽ 我是不是很容易陷入成員的情緒裡，很難客觀看事情？

❾ 我對自己的許多私人事務，是不是都做了處理？

❿ 我自己清不清楚對於哪些人可能較容易有移情現象產生？

⓫ 我是不是相信團體成員可以互相影響，當然我也可能被影響？

⓬ 在倫理規範底下，我願不願意在團體中做一些冒險？

 團體領導者應具備團體專業知能（不限於此）（Akos, 2004, p.10）

領導者風格　　團體發展階段

團體動力　　　療效因素

團體計畫　　　團體技巧

如何處理問題成員

單元 27 團體領導專業倫理：領導者責任與注意事項（續三）

（七）技巧之使用

領導者在團體中所使用的技巧應有理論及研究依據，且為成員量身打造，主要目的在協助成員將在團體所學轉換到日常生活中。再則，當領導者使用新的技巧時，也要告知成員可能會承擔的風險與防治之道。

（八）非自願成員

對於機構或是法院轉介過來的成員，雖然是強迫參與，還是需要讓他／她清楚團體的目標、性質與過程，成員有權利可以拒絕參與、但是後果也由其承擔，特別是有關團體保密與相關限制的部分，也要讓其了解。一般說來，主動參與團體的成員動機較高、也較願意在團體中做貢獻，這迥然不同於非自願成員，因此當然會影響團體動力。領導者要特別注意不要讓一些抱持著負面態度參加團體的人拓展他們的影響力、甚至讓整個團體都受到影響。像是參與家暴加害者團體的成員，可能不認為自己需要承擔責任，因此會在團體中搞破壞、或是拉攏其他成員對抗領導者，領導者可以讓成員們了解團體可能對其有益的部分，讓他們可以轉變態度，甚至從非自願參與轉變為自願參與。

對於有些法定機構（如法院或監獄）轉介來的非自願成員，團體領導需要定期對該單位負責人（保釋官或觀護人）做簡報，這些也要讓成員知道，雖然可能會讓成員卻步、不敢在團體中吐露真實情況或表現真實自我，但是這也是領導者該預先知會的責任。學校裡對於轉介過來的當事人也要清楚告知，但是其嚴重性較低，而且學生在了解團體運作之後，多半會自團體中獲得許多學習。

（九）成員退出團體的可能性

成員有權利退出或不繼續參與團體，領導者若能事先與成員們做相關討論（包括提早退出團體、準時參加團體、請假的情況等），甚至成為團體規範，也可以減少成員流失。最重要的是領導者的事先準備與篩選工作。篩選適當的成員進入團體，首先要注意其參與動機是否強烈？其參與目標是否與團體目標相合？

在團體中很容易反映出成員不同的人際型態或處事模式，有些成員可能無法忍受較有情緒的場面、或老是心不在焉，這些成員也都可能會是提早退出團體的人，領導者若發現這樣的情況，就可以提早提出或是處理，如果有兩位成員就是不對頭、彼此競爭或有爭執，最好還是請其中一位離開團體。

當成員決定離開團體，若有其他成員強留也不適當，最好讓他／她有機會向其他成員說明，也做道別動作，這對於要離開的成員與其他成員都有好處，至少不需要留下所謂的「未竟事務」，讓彼此的關係可以告一段落。

參加團體需要投入相當多的時間與心力，雖然不同取向的團體都有其效能，但是也可能帶給成員傷害（Forsyth, 1999），這個首要責任自然落在領導者身上。成員參與團體也有其必須要承擔的風險，也就是可能有傷害產生。

案例舉隅：諮商團體領導

　　姿穎正在修團體諮商的課程，老師要求他們去參加一個諮商團體做實際體驗，後來她就選擇在學校諮商中心所舉辦的一個團體，領導者是一位碩三實習生，當初也沒有做任何成員篩選，因為團體人數不足，所以幾乎來申請的都來了。

　　團體進行過程中，如果發現什麼疑問，姿穎都會詢問授課老師，先是領導者幾乎每一次都用牌卡，但是卻未說明為何使用、此次團體的目的，最後都是要參與成員填寫回饋單作結。最後一次團體，領導者也要他們填寫回饋單，有些人很快就寫完了，領導者就伸手向他們拿完成的回饋單，姿穎納悶的是：不是用無記名的方式填寫嗎？現在領導者直接向成員拿完成的回饋單，不就很容易讓領導者認出來嗎？這樣怎麼算是無記名？而且成員只有這少數幾個人，領導者一定一下子就知道是誰的筆跡，他也會往回看前幾次的回饋單吧？姿穎覺得很不安全。

可能牽涉的倫理議題

★這裡首先涉及這位帶領團體的實習生能力問題，對於團體目標、設計方案、牌卡使用目的是否都有明確規劃？的確值得探討。

★領導者以無記名方式要成員填寫回饋單，卻在最後一次團體結束時，要求寫完回饋單者先繳交，這也違反了無記名的聲明，但是不違法，只是嚴重破壞了領導者與成員間的信任而已。

★儘管團體領導者是實習生，還是需要遵守專業倫理，其做法嚴重影響團體成員對諮商師的信任，當然對於諮商專業也有危害。

解決之道

（一）這位團體領導者是位實習生，理應受到駐地與在校督導的監督，顯然實習生沒有向督導匯報其團體進行的方式或使用的媒材，要不然督導不可能坐視不管。

（二）若督導未善盡職責，也有虧職守，畢竟實習生是在督導的監督下從事臨床工作，督導對於實習生團體設計目的、進行方式等，也都應該從頭到尾監督檢視、並做適時補救與修正，以此例看來，顯然沒有。

（三）姿穎發現領導者的問題，可以跟自己的授課教師討論，授課教師也可以與那位實習生的督導作一些提醒，以防止實習生再度犯錯。

（四）那位實習生需要更精進自己的團體知能。牌卡有其使用目的，若與主題無關就不宜使用。

 領導者使用技巧注意事項　　注：團體進行以「過程」及「內容」為首要，技巧是協助領導者催化團體與解決問題，而不是以技巧來譁眾取寵。

❶ 領導者自己要很清楚使用技巧之目的與可能危險。　❷ 使用的技術有其理論依據。

❸ 技巧需要在督導的監控下做練習。　❹ 不使用未受過訓練的技巧。

❺ 不使用無研究具體證實之技巧。　❻ 使用新技巧的風險與目的需要讓成員知道。

❼ 許多的技巧需要治療關係建立後才使用（如冥想、空椅法），倘若突然使用，不僅讓成員困惑，也可能帶來傷害。

❽ 以邀請的方式引用技術。　❽ 技術應該是在適當時機的情況下出現。

❿ 技術也需要因人或文化而做調整。　⓫ 讓成員有機會分享使用技術後的反應。

⓬ 技術之使用有助於成員的自我探索與了解。

單元 27 團體領導專業倫理：領導者責任與注意事項（續四）

（十）價值觀與多元文化議題

領導者需具備多元文化的知識與能力，不應因成員不同文化、語言或背景而有差別待遇，更不能有意無意地將自己的價值觀強加在成員身上，當然更不能逼迫成員做改變。價值觀的展現是相當細微的，有時候並不容易發現，領導者本身的自我反省與諮詢督導就很重要。

因為領導者本身性別、種族、年紀或是其他變數（如穿著、婚姻狀態、能力、障礙與否等），也可能引發團體成員不同的假設，這些也都可以在團體中觀察與釐清。當然最重要的是領導者這方面的偏見或刻板印象，都要時時做檢視、反思或尋求諮詢，甚至在自己做好相關整理與準備之後，再來帶領團體更佳。

（十一）評估與追蹤

領導者需要針對團體效能做評估與追蹤，不僅可以了解參與成員的實際感受，也可以增進領導者未來繼續帶領諮商團體的效能。評估方式可以是形成性的（在團體進行中執行），也要有總結性的（在團體結束後進行），方式不一而足。

（十二）若發現同僚違反專業倫理時

領導者若發現同僚或同業有違反專業倫理的行為時，首先要蒐集相關證據資料與調查，接著要與該同僚面質，其目的是要保護當事人、也協助其糾正行為，若對方不聽、繼續犯錯，則可以寫信（隨同所蒐集之證據）給倫理委員會進行調查。

團體領導者的自我照顧與成長

有經驗的團體領導者未來也是後進者的督導與模範，況且在團體中是同時面對許多成員，團體諮商之影響力較之個諮有過之，因此自我照顧與進修非常重要。擔任團體領導比面對一位當事人更要耗費精神與體力，而領導者的功能在於教育成員善用團體動力、獲得資源與支持。擔任團體領導者同時要關注多人，因此其專注力必須要更聚焦、也要時時覺察團體的狀況。自我照顧與持續進修是最好的避免專業耗竭的方式，同時能夠有固定的同儕或專業督導，彼此互相支持、砥礪與進步。團體督導的效能通常更甚於單一的督導方式，因為可以同時聽到許多案例，大家腦力激盪尋思解決之道，彼此監督是否有倫理或法律議題涉入？有無前例可循？團體的過程中有許多變數或議題可以討論，不同性質的團體也會有不同的動力模式或注意事項可供了解。

小博士解說

團體領導者也需要了解一些相關法令，主要與所服務的族群或對象有關，像是兒少保護法、少年事件處理法、家事法與家暴法、性別平等教育法等，有時候還要了解有關毒品與相關法令。

團體督導的益處（Christensen & Kline, 2000,
cited in Corey et al., 2011/2014, p.444）

知識與技巧的精進　　整合理論與實務

檢驗自己的假設　　豐富自己對各種團體動力的認識

藉由與他人互動而達成個人成長

由自我揭露得到個人回饋的機會

提供安全和支持性環境的實務技巧

 使用團體技術之倫理議題（Corey et al., 2011/2014, p.460）

使用不熟悉之技巧　　使用技巧以強化自己權力（表示自己是專家）

使用技巧營造強烈氣氛，以滿足領導者對於團體強度的需求

即便成員表示不願意參與這項活動，仍使用技巧來壓迫成員

 團體諮商的基本倫理議題

未成年保密與網路團體工作

成員離開團體之自由　　保密原則與如何鼓勵保密

非自願參與者　　篩選成員（以及成員的準備情況）

協同領導者的倫理考量（步調、權力議題、以成員福祉為優先等）

團體領導者之訓練與能力　　多元文化能力　　團體倫理之了解

✚ 知識補充站
　　團體整個結束前若有成員提出新議題、引發成員們的強烈情緒，領導者需要花適當的時間做好
處理。

單元 28 伴侶與家族治療倫理議題

治療師基本上是從系統的觀點出發，對於服務家庭，個人出現的症狀就應考量到當事人、家庭與社會脈絡下的相關影響情況，而非只將重點放在當事人出現的症狀或當事人身上。伴侶與家族治療師的系統觀，所顧及的不只是個人問題，而是伴侶或家人的整體目標，因此治療師需要先了解自己所服務的當事人是誰？是其中一位伴侶或家庭成員，還是整個家庭？倘若當事人的目標會妨礙或損及其他人的福祉（如伴侶隱藏其外遇事實、且持續在進行中），又該做何調整？諮商師做介入處理時也不應犧牲某一位或其他成員的福利（如一位成員的好轉卻造成其他人的傷害）。諮商師同時服務多位當事人，要對所有的當事人保持尊重，要讓所有參與者都很清楚治療過程、危險性與相關倫理規定。在進行家庭治療時，每一位當事人可能兼負多種角色（如丈夫、兒子與父親），保密的部分應有哪些考量？倘若配偶之一還同時接受相同治療師的個別治療，保密的限制又有哪些？如果家中有人受虐、或有疏忽事實，應否進行必要之通報？會不會因此損害了治療關係與信任度？

國內的諮商師訓練機構通常沒有針對伴侶或家族治療進行一系列被認可的系統訓練，這樣諮商師能否進行伴侶或家族治療？治療師的專業能力該如何認定？合格的治療師應該是接受正統訓練、在被督導的情況下接案且被認定資格，然後考取適當證照，且在執業期間持續接受在職訓練或繼續教育。

治療師不應引導或決定伴侶與家庭做改變，而是協助當事人清楚自己在做什麼、協助其評估其行為，並鼓勵其做必要的改變（Corey et al., 2011/2014, p.422）。諮商師手邊應有適當資源可供轉介或危急情況時使用。治療師視當事人需要做必要的轉介動作，當然也要取得當事人同意，且轉介不應收費。一般說來，家庭或伴侶諮商的收費要較之個別諮商昂貴一些，但是也依據地域或經濟情況不同，收費有些差異。

治療師在家庭治療容易犯下的錯誤，像是認為女性應該繼續待在婚姻中、忽略女性生涯之選擇與重要性、暗示母親是主要教養人、對夫妻外遇抱持不同態度，以及認為丈夫對婚姻的滿意度勝於妻子的感受（Margolin, 1982, cited in Corey et al., 2011/2014, p.427）。以上就是典型男性至上的觀點，忽略女性在婚姻中相對的權利與自主權。

家族治療的許多技術是從團體治療而來，但是兩者之間有極大差異，尤其家族治療中的成員彼此的血緣與姻親關係影響巨大，更容易引發情緒性反應，要謹慎處理。治療師本身對家庭、親密關係、性別角色的價值觀及自我議題，特別是原生家庭的部分，會嚴重影響到其對當事人態度與處置方向，因此對於自身的覺察與相關議題要特別敏銳，並願意尋求同儕與諮商督導的諮詢。

小博士解說

伴侶或家族治療師常遭遇的倫理議題（Welfel, 2010/2015, pp.330~340）：保密、未參與成員權益、個人福祉與家庭福祉間的衝突、同時進行個諮與家庭治療的問題、性取向與家暴（法律）的處遇等。

案例舉隅：轉介

　　偉成因為憂鬱情緒問題，找了李諮商師晤談，經過了一段時間，配合醫師的藥物治療，偉成的情況改善許多，而偉成也提到自己的婚姻問題，他說因為妻子結婚時帶著與前男友所生的孩子，為了孩子的福祉，妻子固定到前男友家，讓他們父子可以聚聚。當偉成的情緒問題減輕時，李諮商師也邀請偉成的妻子一起來晤談，但是妻子自己另外找了諮商師，而且要偉成傳話給李諮商師說：「妳想要毀掉我們的婚姻嗎？」偉成的妻子認為李諮商師站在偉成這一邊，因此不利於她的立場，所以寧可自己找適合她的諮商師。李諮商師請偉成轉達：若其妻認為她的諮商師也可以與其夫妻一起晤談，她也可以結束與偉成的治療關係、轉介偉成到妻子的治療師那裡，夫妻倆可一起努力。李諮商師這樣的做法如何？

可能牽涉的倫理議題

★偉成的諮商師希望可以進一步與偉成妻子晤談（不一定是做伴侶治療），這樣或許可以讓治療效果加倍，然而因為同時做偉成的個人諮商、又做伴侶治療，因此要留意保密問題（如是否將個諮時晤談內容在伴侶晤談時無意中洩漏）。

★偉成妻子暗示自己若參與伴侶治療，李諮商師可能立場會有所偏頗，因此擔心夫妻兩人的立足點不同、有損自己的利益，也可能涉及角色衝突。

★李諮商師若要將偉成轉介給妻子的諮商師，需要先獲得偉成的首肯，而偉成是否也會擔心治療師立場偏頗呢？另外還有妻子的諮商師同時做個人與伴侶治療的保密與界限問題。

解決之道

（一）偉成的妻子當然可以選擇自己的治療師，然而其妻指控李諮商師的立場偏頗、指控其要「毀掉」他們的婚姻，或許是基於李諮商師與偉成的專業關係，李諮商師只需要將其與夫妻一起晤談的目的說明即可，不需要將其個人化。

（二）偉成妻子的指控有點奇怪，但是似乎也說明了在當事人開始改變的同時，其周遭的人（尤其是重要他人）可能會抗拒改變，以這樣的角度看來，伴侶治療是很好的下一個考量。

（三）維持單純的個別諮商關係可能問題最少，然而一旦要多一層關係（如本例同時進行個別諮商與伴侶治療），李諮商師就要先行說明清楚，或許可邀偉成與其妻共同出席一次、做免費諮詢亦可，看看對彼此最好的選項有哪些？

（四）李諮商師也可詢問將偉成轉介給妻子的治療師的可能性，若偉成願意持續與李諮商師一起工作，也可以各自努力想達成的目標。李諮商師可以解釋給偉成夫婦倆：諮商師基本上是為當事人最大福祉著想，不會因為關係短長而影響其專業作為。

（五）若有機會與偉成夫婦晤談時，諮商師最好先瀏覽一下之前的紀錄，勿將個諮所談內容在伴侶晤談時不小心洩漏。

家族治療師可檢視的價值觀（不限於此）（Corey et al., 2011/2014, p.421）

對婚姻的看法　◀如一夫一妻、男主內女主外、男人至上女人當家等　婚外情　傳統與非傳統的生活方式　孩子養育　家庭制度的維持　離婚　家庭中的性別角色與責任分工

單元 29 學校諮商師的倫理規範

在學校機構擔任輔導老師通常會有角色衝突（同時是諮商師與教師身分）的問題，而且兩個角色對於學生的要求不同、校方對於教師與諮商師的期待也不同，倘若諮商師或輔導老師還擔任課程教學，角色權責就更加複雜，與同事、學生的關係亦同。學校諮商師需要在三個不同族群（服務的學生、學生家長或監護人、學校系統）間取得倫理與法律上的平衡（Corey et al., 2011/2014, p.201）。就如同先前所提，諮商師並非獨立作業、需要接觸與連結相關資源及系統，學校諮商師與家長的關係就是合作的夥伴關係，可是又需要維護學生當事人的隱私權與自主權，又該如何拿捏？

我國自從學校輔導工作倫理守則在 105 年通過以來，對於在學校單位工作的輔導或諮商人員職權有較明細的規範。除了要注意學校政策、家長監護權以及學生權益之外，最容易出現的是「通報與否」的問題。倘若校方刻意施壓、不希望案例向上呈報，以免影響招生或校譽，諮商師該如何做？若是校方的意見與諮商師不同，或者是家長不希望孩子被汙名化、不往上通報，怎麼做才是符合學生最佳利益？而在通報之後的追蹤輔導是必要的，而不是以通報為了結、或是置之不理。

為了維護學生的學習權，諮商或輔導人員除非必要，最好不要固定在同一上課時段與學生晤談，以免剝奪其學習權益，因此即便是長期個案，也要注意晤談時間的安排。學生當然也可選擇參與或不參與輔導相關活動，即使學校多半是轉介過來的個案，當事人也有選擇參加與否或終止參與的權利。諮商師與輔導教師要注意與當事人的界限與角色問題，不能以一己之私剝奪或侵犯了學生權益。此外，在紀錄的撰寫、保存、傳遞與分享也有相關規定。

學校輔導工作倫理特別規範了「校園合作」這一塊，除了重視團隊間的合作、資源共享外，也提到紀錄的傳遞與溝通，儘管文義上是鼓勵團隊合作，但是若不同單位或專業背景不同，對於個案或事件的認知與定義不同，要進一步合作的確有其難度。像是各縣市成立的學生諮商中心，基本上囊括了諮商師、臨床心理師與社工，背景與受訓的範典（paradigm）不同，對於事件或其肇源的觀點各異，自然也影響接下來的個案概念化及處理方式。要以當事人利益為最大考量、還要異中求同，溝通與摒棄本位主義才是上上之策！另外還有轉介與通報的處理，以及關於線上諮商、測驗與研究、評鑑與諮詢的規定也在其中，但是當然，列出的只是大方向的原則而已，面臨實際的倫理議題或兩難時，還是需要切記「紀錄」與「諮詢」。

小博士解說

就如同個別諮商可以協助當事人更了解自己，伴侶或家庭諮商則是可以協助當事人看見自己如何與人互動，尤其是與親密家人的互動情況與內在動力。

案例舉隅：未成年與保密

　　郭老師在國小擔任輔導教師、同時也上課。她發現四年級班上一位女學生常常穿著奇怪，也就是即便很熱的天，她都還是穿長袖制服，於是邀請她到輔導室談。女學生叫小芳，表現得很畏縮、沉默，跟她在輔導室一節課，小芳幾乎不太說話，郭老師只好利用一些遊戲治療的方式試圖了解小芳，在遊戲當中郭老師強烈懷疑小芳受虐，只是不知道是什麼方式的虐待，肢體虐待是最大可能。主任走進來，正好瞄到小芳走出去，於是提醒郭老師：「小芳的爸爸跟校長認識，而且交情很深。」郭老師先找班導了解，班導說知道小芳身上有傷痕，都是被爸爸用皮帶抽的，也與家長談過不要過度懲罰，但是好像沒有用，而且情況反而更嚴重。班導跟教務主任呈報過，但是案子被校長擋下來，因為家長與校長私交的關係，校長說會道德勸說，不過看樣子似乎無效。郭老師該怎麼做？

可能牽涉的倫理議題

★小芳遭受家長「過度管教」，因此反映在穿著不適當上，輔導老師的懷疑是對的，而且也經過查證，發現導師處理過，但因為校長與小芳家長的私交，事情似乎了不了了。小芳持續受虐，輔導老師理應繼續呈報，要不然可能危及小芳性命。

★家長或監護人有其權力，但是都不應違法，即使管教是親職責任，也應該藉由適當的方式。郭老師發現家長過度懲罰違反學生健康與福祉，校方有通報之義務，然而卻因為校長與家長之私交，校長無法秉公處理、甚至吃案，在行政方面也有瑕疵。

解決之道

（一）按照教育法規與諮商專業倫理，郭老師知道有人受害或有潛在受害之可能，就需要採取遏止動作，倘若此次上報的處理方式還是一樣受到阻撓，郭老師需要與校長好好談談，有關法律相關議題。

（二）倘若與校長商議無效，校長堅持不往上通報、怕妨礙情誼，郭老師就需要有道德勇氣、挺身為小芳倡議，但是需要有人支持，包括導師與其他教師。

（三）郭老師可尋求督導、諮商倫理委員或法律人之意見，看下一步該如何做，才可以讓傷害停止。若官方通報管道受阻攔，郭老師亦可尋求其他社福機構之協助，許多私立機構擔任改變倡議者，透露一些相關資訊，請其私下調查。

（四）小芳仍受家長監護，況且肢體受虐的情況若公開，當然會影響其親子關係，甚至可能遭受更危險的處遇。郭老師、導師與校長可先與家長溝通、強調法律方面的責任，但是事前也應該讓小芳知悉、並分析其利弊讓小芳知道。

（五）若小芳的家長需要親職諮詢，郭老師亦可提供專家或協助管道。

 學生輔導法的學生權益

學習權	提供必要的發展計畫與資源，提升學習動機與成效，協助其生活適應與生涯發展。
自主權與選擇權	尊重學生與其監護人之決定權、知後同意及選擇權。
受益權 考量學生之最佳福祉。	免受傷害權 維護其人格尊嚴及免受身心傷害。
公平待遇權	不分文化、族群、性別、性取向、智力與能力程度等背景，公平對待與尊重。
隱私權	避免私人資訊不當揭露或濫用。

單元 30 學校諮商師的倫理議題：危機事件處理

學校若有危機事件，基本上校方會期待學校輔導老師或諮商師做全面妥善處理，最常提到的危機事件包括重大意外（如車禍）、自殺與失落（如家長過世）事件。

適當且固定的防災演練（如地震、消防），也就是第一層次的預防是最重要的。學校學生若發生重大事故，或死傷很嚴重，校方除了配合警政醫院或相關單位的處理流程（如報案、醫療、保險等）之外，自己本身要設置一位發言人（報告最新進度、讓相關人員知曉，同時滿足媒體報導精確的需求）、協調支援與協助單位（如基金會、宗教或鄰里）、不要讓他人任意進出學校、維持學生正常作息、安撫師生與家長等（見右頁案例）。若班級有重大失落事件（家長或學生死亡、受傷），導師責無旁貸、需要承擔處置工作，並聯絡輔導室教師或諮商師協助，諮商師自然會安排適當的全校宣導、班級輔導或教育、個別晤談等措施。若校內無輔導教師編制，一定要記得尋求當地可用資源（如護理人員、學生諮商中心、醫療院所等）。由於諮商是團隊合作的專業，平日學校輔導教師或諮商師就應該讓全校教職員了解危機處理的標準程序，同時做適當演練與熟悉，以備不時之需。因為教職員還是站在維護學生身心健康與安全的第一道防線，其危機處理知能越俱足，更能提升學生福祉。

學校平日就該讓學生了解情緒與壓力、自我管理與紓壓等知能，同時讓教師清楚自殺徵兆與預防，親師關係要努力經營，而非有事才聯絡，這樣或許能夠減少傷害。許多導師是站在處理自殺或自傷案件的第一線重要人物，在知會相關危機處理單位的同時，導師要先做正確動作，就可大大減少危機事件的發生或不良後果。導師若知悉某位學生情緒不穩、或是容易有暴怒出現，一旦學生要脅自傷或傷人，就可以盡量安撫其情緒、與學生對談，同時其他學生會前去通報、並協助導師在現場處理（像是防止學生跳樓、抱住學生，但要特別注意自身安全）。學校輔導老師或諮商師也應該要（King et al., cited in Corey et al., 2011/2014, p.226）：教育教職員有關青少年自殺風險與因素，建立同儕協助計畫、協助辨識高危險群學生，增加諮商師與教師自殺評估訓練，獲得學生自殺資訊，參與最近有關學生自殺主題的專業研討會或會議，協助管理自己的法律責任。若當事人自殺身亡，治療師準備了以下資料，被控不當執業的機率就較小（Jobes & O' Connor, 2009, cited in Corey et al., 2011/2014, p.225）：證明有執行合理的評估與介入、尋求過專業諮詢、在適當時機做好臨床轉介，以及有近期完整的紀錄。

小博士 解說

即便讓潛在受害者知道威脅性的存在，諮商師的預警與保護責任絕不限於此，還需要進一步追蹤、持續做危險性評估與處置動作。

案例舉隅：重大傷亡

　　美麗國小六年級學生與四位帶隊老師在畢業旅行途中的高速公路上發生嚴重車禍，當場兩名學生過世、一名教師重傷，現場十分混亂。等到救援團隊到來，緊急將傷者與死者做安置，校方也在學生回到學校後進行全校輔導，並邀請附近大學諮商科系教師協助。教師們義不容辭協助做全校宣導、班級輔導，並篩選一些可能受創的學生進行個別諮商。

　　由於是地方上第一次遭遇這個重大事故，許多慈善團體也紛紛出手協助、進出校園，媒體記者更是成天守在學校內，甚至自行訪問學生與教師。前來協助的諮商系教師認為這樣會干擾學生作息，於是商請校方派一位教師擔任對外發言人、統一發布即時訊息。若你是諮商科系教師、懂得危機處理事宜，還有哪些情況或做法可以考量？

可能牽涉的倫理議題

★設置統一發言人很適當也必要，可以讓正確訊息傳達出來，緩解家長與師生、甚至社會大眾的疑慮，也滿足媒體追新聞的需求。

★其他慈善或社群團體想要表達關切與協助之意，需要校方做統籌管理與安排，不要讓各個團體可自由進出校園，不只有安全疑慮，甚至打壞了學生正常作息，對於正經歷災難的全校師生與家長來說，都是要先極力避免的。

★遭遇災難或創傷的個體（包括師生），都需要盡快回歸正常生活、給予其穩定與安全感受，因此校方維持原先的作息與活動是最恰當的，同時安排適當的儀式（如校長帶領全校默哀、設置桌椅讓學生可以紀念或緬懷過世同學）或祈福（給予傷者的祝福或規劃探望時間），緩解師生情緒，並做道別動作。

★有些學生參與現場救助行動，較有可能有創傷後症候群，需要先做篩選、診斷，必要時住院觀察、與身心科醫師緊密合作。

★團體諮商可以聚集一些願意參與的同學做哀傷輔導，若有若干重創症候群學生或老師，也可以一起做團體諮商，協助其發洩、表達、穩定情緒與自我調整、規劃未來。

★由於出事同學處於國小要升國中的發展階段，車禍事件可能打斷了他們對於安全世界的預測，也可能干擾其發展任務，因此還需要與國中階段學校做連結與合作，支持與協助學生順利轉換到另一學習階段，稍後的持續觀察也很重要。

 預警或保護責任的處理（修改自Wheeler & Bertram, 2008, cited in Corey et al., 2011/2014, p.220）

考慮所有可採取的適當步驟及每個步驟可能的後果

詢問關於當事人取得之自傷或傷人的用具或武器、傷人之想像或意圖（這些都與特定受害者有關）

記錄所有你所採取的行動以及每個決定背後的理由

若你不清楚法律責任，就去請教律師

單元 31 學校諮商師的倫理議題：多重角色

　　學校諮商師或輔導教師較容易面臨雙／多重角色的問題，由於國小至高中階段，校方可能要求輔導教師或諮商師也需要負責課程之教學，致使輔導教師在專業角色之外又多了一種或多種角色。多一層關係就多一層複雜度與處理，但是輔導教師或諮商師需要記得：決定與維護界限的責任都在自己身上，因此需要有智慧的判斷及行動。

　　倘若專任輔導教師只負責輔導相關工作，角色與職責自然清楚，但需要走出輔導室、盡量去接觸及了解所服務的族群，才能夠補足單獨在輔導室作業的缺點。此外，擔任這些年齡層的輔導工作，勢必與教師及家長有更多的接觸，而年幼孩子受到家庭的影響更鉅，這也是與親師工作必須特別著墨之處，也說明了輔導教師在面對親師時，較適宜擔任諮詢或顧問的角色。

　　從雙／多重角色延伸而來的，可能是保密的議題，教師轉介學生來輔導室，或是家長是孩子的監護人，倘若他們詢及孩子治療的狀況，輔導教師應該透露多少？哪些部分的資訊可以釋出？要謹記諮商紀錄與內容是屬於當事人的，即便當事人年紀尚小，諮商師也需要取得當事人的知後同意，才可對親師釋出相關資訊。諮商紀錄應該謹慎地收藏，當事人絕對有權利了解紀錄之內容、會透露給誰、有何用途？

　　諮商紀錄有時需要轉移（如到下一個學習階段或另一位諮商師手中），或者是團隊合作（如輔導教師、教師、醫師及社工）時，甚至是上法院做專家證人，都需要取得當事人及其監護人之同意，這都是尊重學生自主、隱私權與受益權的做法。此外，誰能夠取得學生資料、資料的電子化與保存（通常是七年，但國內無規範），也都是學校諮商師需要注意的部分。

　　我國針對高風險家庭或家暴之通報都有規定，倘若輔導教師懷疑學生可能有受暴跡象，該不該按照規定通報？如果這個通報會影響到學生權益（如受暴情況更嚴重、親子及治療關係），輔導教師該如何處理？暫緩通報也會涉及一些危險性，諮商師需要承擔後果。最好的方式還是先去徵詢其他資深諮商師、行政人員或法律人的意見，將通報、延緩通報或不通報的優劣點，以及可能的處理方式臚列出來，協助自己做較為明智的決定。通報的配套措施如向當事人與監護人說明法律責任、後續處理方式（洪莉竹，2013, p.142），以及後續追蹤當事人的情況，都是非常重要的。

小博士解說
　　諮商師需要預先思考：萬一自己不能執行業務時，諮商紀錄該如何處理（Corey et al., 2011/2014, p.165）？

評估自殺危險程度（Corey et al., 2011/2014, p.229）

- 認真看待口頭直接的自殺警訊，並記錄所採取的措施
- 是否被診斷有嚴重或致命的健康狀況
- 是否有計畫（計畫越明確，情況越危險）
- 是否有過自殺企圖（歷史）
- 絕望感與無望感
- 注意當事人行為（如分送貴重物品、結束生意或修改遺囑）
- 評估當事人的支持系統
- 探索失落及分離的人際壓力
- 是否有酗酒或藥物濫用的歷史
- 監控當事人嚴重的焦慮及恐慌
- 是否有精神科的病史和住院紀錄(情緒失控者較易傾向自殺)

 學校會出現的倫理議題（整理自 Welfel, 2013/2015, p.477）

- 學校在霸凌、網路霸凌以及其他騷擾行為上的責任。
- 有關父母是否有權獲知孩子在教育中的所有資訊。
- 學校諮商師面對自殺學生的責任。
- 在校內進行團體諮商的複雜性（如家長同意、保密）。
- 教育者之間（如行政人員、導師）的公開溝通習慣與諮商專業當中的保密條例之衝突。
- 有義務協助正在體驗個人與社交困境的學生，但家長和社區標準（如同志教育）與學生需求相衝突。
- 與未成年當事人進行同儕觀察與提報的倫理議題（如保密、影響同儕關係等）。

 「協同會談」的時機（林家興，2017，p.69）

治療兒童或青少年個案時	治療罹患精神疾病的個案時	治療家暴個案時	治療生活功能較差、語言能力較弱的個案時	治療說話較不可靠的個案時

✚ 知識補充站

　　林家興（2017, pp.104~106）認為在中小學（未成年）做諮商效果不佳的原因：當事人不知為何而來、強迫學生接受諮商、與學生有雙重關係（如老師兼輔導老師）、隨時隨地諮商（非固定時間在固定場所）、撰寫詳細諮商紀錄（有違反保密之虞），以及對來談的當事人進行校安通報。

單元 32 與未成年人或法律上無行為能力者做諮商

諮商師在學校機構或是一些社區機構，甚至是私人心理診所，都可能遭遇到未成年，或法定無行為能力（如身心障礙）者，要取得其家長或監護人之首肯、進行諮商，需要有知後同意。一般在學校等教育機構，通常會事先取得家長或監護人之同意，甚至將諮商視為教育的一部分，因此無大問題。但是在若干情況下，這些未成年者不希望自己的事讓監護人知曉，或是監護人不允許孩子繼續治療，諮商師該不該進行協助或繼續提供服務？在我國通常親權會大於孩子的隱私權，因此要特別慎重處理。倘若當事人是未成年或無法定行為能力，常常會碰到許多倫理議題需要注意。

在當事人的同意下接受諮商（尊重其自主權），對於治療的預後效果較佳，當事人也較願意為自己負起責任。只是許多孩子（特別是非自願性求助）會認為來見諮商師是汙名化標籤，而且是對方要求其做改變，因此會有許多的抗拒與不情願。許多孩子是經由轉介管道進入諮商，有些甚至是家長要求，諮商師不必強迫孩子做治療，而是在說明清楚之後，讓其有選擇之自由，甚至先以五分鐘談話開始，慢慢讓孩子體會與諮商師談話是沒有威脅的，或許其會有機會從「抱怨者」或「訪客」變成真正的顧客。

法律上通常較重視親權或監護人權利，有時候治療師若發現孩子的確需要治療，但未能獲得監護人之知後同意，就需要下功夫去溝通與說明，甚至是在進行孩子的個別諮商之前，先與家長及孩子會談、取得共識，這樣子接下來的治療工作才會順利。若是家長或監護人不同意孩子接受治療，諮商師認為孩子有接受協助之必要，諮商師該如何？在一些情況下，可以直接取得孩子之同意，只是諮商師必須要評估孩子的能力、問題嚴重性、可能風險及相關法律等（Corey et al., 2011/2014, p.172）。美國的諮商師視當事人的情況，有權利讓當事人做強制治療（如有自殺危險性逕自送醫院），但是並不能保證當事人願意繼續合作與治療。

保密條款可讓孩子覺得安全、隱私受到保護。孩子進入諮商，知後同意與保密協定及其可能的限制，是否讓孩子清楚明白？孩子若擔心自己所提的事可能涉及家長或教師等成人，保密的限制又該如何說明與處理？諮商師可告知孩子諮商進展的情況，但家長或監護人無權利接觸諮商紀錄，若家長堅持要看紀錄，諮商師可以口頭說明或是以簡單的紀錄方式呈現。美國法律規定：若未成年孩子涉及性侵、藥物問題、傳染病或墮胎等事宜，並不一定需要家長的同意（Lawrence & Kurpius, 2000, cited in Corey et al., 2011/2014, p.172）。

小博士解說

與未成年者工作，諮商師需要經常面臨未成年者想要保密、但家長要求知道諮商相關訊息兩者平衡的挑戰（Benitez, 2004, cited in Corey et al., 2011/2014, p.175）。

案例舉隅：未成年

　　小學三年級的小昱常常與同學有肢體衝突，老師勸誡無效，也採用了其他方式要讓小昱可更融入團體、但是似乎成效不彰，於是就將小昱轉介給每週來一次的駐地諮商師。黃諮商師與小昱用遊戲治療等方式建立關係，也做了初步評估，他認為小昱的問題可能不在孩子身上，於是商請小昱的家長參與一次晤談。小昱的媽媽請假出席，提到小昱在家也會偶而與弟弟打鬧，但是情況不嚴重，小昱在學校發生的事，她已經處理過多次，自己也不知道如何是好？黃諮商師詢及小昱與弟弟的年齡差距，以及小昱這樣的行為是自何時開始？黃諮商師發現似乎與小昱弟弟的出生有關，於是取得小昱媽媽的同意，跟小昱一起晤談。黃諮商師的做法你同意嗎？涉及哪些需要考慮的倫理議題？

可能牽涉的倫理議題

★小昱是未成年的小學生，學校方面將其轉介過來給黃諮商師，是否已取得監護人之同意？有無詢問小昱諮商之意願？或是將諮商過程做了說明？
★基於尊重當事人的做法，黃諮商師在邀請家長來談之前，是否與小昱談過、告知其原因？
★黃諮商師在邀請小昱與媽媽一起晤談時，諮詢小昱之意見，不僅尊重小昱、也讓其有參與感，可提升諮商效果。

解決之道

（一）黃諮商師邀請小昱母親前來談話，是因為他評估小昱在校偶而的脫序行為，可能與家庭有關，最好事先獲得小昱的同意，顯得更尊重當事人。
（二）邀請小昱與母親一起會談，讓小昱可以參與諮商過程，這樣的尊重舉措是可以的，也了解到家長是孩子重要的支持脈絡，個人的問題可能有更多因素涉及（與諮商師看問題、其核心理念有關）。
（三）對於小昱問題的歸因，黃諮商師要特別小心，不要讓小昱母親覺得是自己的錯，這樣要取得合作會有難度。
（四）請教小昱母親對於小昱接受諮商的看法，也了解學校是否與家長取得共識。

 若要成為對兒童／青少年的諮商師需要（Corey et al., 2011/2014, p.179）

有遊戲治療、藝術或音樂治療的被督導實務經驗

了解服務對象的發展議題

熟悉相關法律

覺察自己能力之限制

了解相關轉介資源

✚ 知識補充站

　　有些學校的諮商師也同時是任課老師，加上老師與當事人可能會在校園中相遇，因此諮商師為了保密與維護當事人隱私權之故，最好在諮商現場與當事人先做說明，並商議若在校園中遭遇該如何因應，像是不打招呼，以免讓周遭人誤解或猜疑。

單元 32 與未成年人或法律上無行為能力者做諮商（續）

面對身心障礙者或是老年當事人，諮商師更需要有協助與保護之責。每位身心障礙者與老年人的狀況不同，治療師除了應該充實自己的相關知能（包括醫療方面的知識）外，還需要彈性應對當事人之需求。牛格正與王智弘（2008）針對老人諮商有專節敘述，但不管是國內外，似乎對此族群的研究與臨床工作較少涉及，這也反映出國內對此族群之忽視。有鑑於全球少子與老年化的趨勢，加上醫療科技的進步，老年人的餘命增加，相對地其退休後生活與失能時間也拉長，是助人專業應該要聚焦的另一重點族群。

在臺灣，許多照顧老年人口的責任還是落在下一代的子女身上，子女還要教養下一代，這是所謂的「三明治」世代。在經濟情況不景氣的現代，中間一代的責任與壓力繁重，似乎也是可以接受治療的潛在族群。老年人是否願意接受至安養院過生活，其實也有很大的文化與價值觀差異，即便進入養老院，其發展階段的需求仍應獲得滿足，助人專業的介入就很適當。許多有關老年人的照顧，多半聚焦在健康、教育與娛樂上，不少機構（美國麥當勞、臺灣的超商）會再度聘請中老年人進入職場服務，要藉助的就是中老年人的經驗與智慧，還有穩定的情緒與圓滑的人際應對能力，只是政府與老人事業相關機構較少針對其心理與情緒需求做規劃。世界衛生組織調查發現 65 歲以上老年人的自殺率是另一高峰，除了經濟生活壓力、罹患慢性疾病的痛苦，也怕增加他人負擔。我國人受儒家傳統文化的浸濡，照顧家中老年人也是孝順的一部分，老年人更擔心自己成為累贅，然而需要心理支持與安慰、傾訴對象、情緒抒發與生活因應技巧的學習（牛格正，1996，引自牛格正與王智弘，2008，p.252）是舉世皆同的。

治療師在面對老年當事人時，自身要充實有關發展與老年疾病的知能，注意尊重當事人之尊嚴與自主權（即便其認知或行為能力有限、或是家人的涉入），並獲得適當的知後同意，留意移情與反移情、雙重關係、危機處理及保密議題（牛格正與王智弘，2008）。做老年人諮商工作，治療師要注意結合不同可用資源與人脈，團體諮商是一個可以發展的形式。此外，老年人需要顧及其尊嚴與自信，在這一點上可能與家人期待的會有不同，因此治療師協助其與家人做更好溝通、擬定彈性政策是亟需要的，將其重要他人納進來也很重要。在老年階段會經歷許多失落經驗，包括老伴的逝去或失能，倘若還有其他重大失落（如白髮送黑髮人），更添加其複雜性，目前國內正在提倡的「正向老化」有不錯前景。

案例舉隅：老年人與自殺

范老先生七十多歲了，近二十年來都受到糖尿病跟腎臟疾病的困擾，現在每週洗腎三次，同住的兒子還要請假陪他去醫院。范老先生說以前他自己還可以獨自上醫院看病、拿藥，但是後來老婆走了以後，他的情緒更低落，除了對老婆的悔恨外，一直覺得自己是子女的負擔。跟范老先生同住的老大已經四十五歲、還沒有成家，范老先生一直認為是自己耽擱了兒子成家的機會，因為哪一個女人願意嫁給獨自照顧老父的男人啊？雖然兒子一直跟他強調說他不是負擔，可是范老先生覺得如果這個世界沒有自己，兒子會過得更輕鬆。范老先生跟張諮商師表明他一直有想要了結生命的念頭，只是不知道用怎樣的方式會比較舒服，或者不要讓孩子感到自責。張諮商師給老先生做了一些危機評估，你認為他還可以做些什麼？

可能牽涉的倫理議題

★范老先生雖然有行為能力，但是自殺意念是否需要打破治療保密原則、知會其家人？這樣是否也妨礙了當事人的自主性？

★張諮商師雖然做了危機評估，是否也包含了自殺方式與執行的可能性？

★當事人揭露自殺意念，與張諮商師的價值觀有無違和？張諮商師也需要檢視一下。

★張諮商師認為的孝順議題，是否與當事人的決定有所扞格？

解決之道

（一）張諮商師還可以檢視范老先生的情緒狀態，同時與身心科醫師合作評估是否需要服藥，因為其情緒狀況（如憂鬱症）可能引發自殺意念。

（二）張諮商師也要針對范老先生幾年前的失落經驗（如喪偶、失去行為自主能力）做治療。

（三）可以邀請范老先生的兒子或其他家人參與治療，一來解決照顧范老先生的責任議題，二來可讓范老先生得到支持（不管他最後的決定為何）、減少負罪感，三則讓家人間可以有更好、直接的溝通，促進家人關係、減少孤寂感，甚至進一步一起商議及安排讓范老先生過更自在的生活。

 老人關切的諮商議題
（Waters & Goodman, 1990）

家人關係

失落或悲傷的適應

休閒或工作的計畫

發展與建立自信

 針對心理疾患的諮商要知道（林家興，2017，p.79）

★降低治療目標與期待。

★患者之語言表達、思考能力與情感表現明顯異於一般人。

★治療目標有時在於緩解症狀、改善功能，然而大部分是維持症狀及功能、與疾病共存。

★除與患者工作外，通常還需要與其家屬工作，協助家屬有能力照顧患者。

★治療目標不是增進患者之自我認識與覺察，而是提供支持及建議、協助患者適應與疾病共存的生活。

單元 33 如何做倫理判斷

在諮商師訓練過程中，「諮商專業倫理」只是其中一門課，教導的都只是一般助人專業倫理原則，事實上需要做專業的倫理判斷，通常是面臨抉擇或重要決定的時刻，有時候需要立即做處理。倫理判斷最難的就是沒有標準執行手冊可遵循，而需要倫理判斷的通常是兩難情境，如何兩害權其輕？或者是讓損害最小、獲益最大？有時候的確不是諮商師獨自一人可以勝任，就如同助人專業不是獨立於其他環境資源脈絡之外一樣，好處是諮商師有可諮詢與請教的對象，不管是資深諮商師、督導、同儕、社福人員、相關醫事專業人員或律師等，都是可以尋求意見的對象，也可以請教諮商倫理委員會裡的委員。

學者 Welfel（2013/2015, pp.40~68）提出做倫理決定的十個步驟：（一）培養實務上的倫理敏感度；（二）找出有關的事實、社會文化脈絡以及利害關係人；（三）界定出兩難情境中主要的倫理議題，以及可供選擇的選項；（四）參考專業倫理準則以及相關的法律和規定；（五）找尋相關的倫理文獻；（六）將倫理原則與理論應用到情境上；（七）向同事諮詢兩難的情境；（八）獨自深思熟慮與做出決定；（九）知會適當的人，以及將倫理決定付諸實行；（十）反思所採取的行動。

許多諮商師忽略了倫理的重要性、缺乏專業的敏銳度，甚至害怕採取行動後需要承受的壓力與麻煩，因而沒有採取倫理行動。諮商師有時候有許多考量，因此難以下決定，主要是因為（Welfel, 2010, p.66）擔心對自己產生負面結果、缺乏同事或督導的支持，以及害怕做對的事卻讓自己生活更複雜等。雖然做倫理抉擇有時候要付出代價，而堅持做對的事，的確需要道德勇氣，但其結果不僅保護了當事人最佳福祉、也為助人專業掙得了社會大眾的信賴。

諮商師需要培養自己對於專業倫理的敏銳度，首先要很清楚專業倫理守則內容，時時檢視自己諮商過程與行為，有一絲疑慮或問題，都願意找同僚或督導諮詢與商議，甚至請教法律專業人員。倫理敏銳度與諮商師的臨床經驗值也有相關，知悉更多臨床實務、同儕個案討論或督導，也都可以磨銳自己的專業直覺。倫理敏銳度是諮商師個人須具備的專業倫理知識與背景，也代表諮商師自己的原則、生活哲學是否與專業一致。治療師的「利他」動機很重要，若諮商師只顧及會給自己添麻煩、或引起機構及同儕的另眼看待，通常不太可能挺身護衛倫理原則，更不可能考慮當事人或相關利害人之福祉。

小博士解說

尊重當事人的自主權有其限制，要注意個人自由不能妨礙他人自由之外，當事人也需要清楚知道自己所做的選擇意義為何？以及其帶來的影響是什麼（Welfel, 2013/2015, p.66）？

協助諮商師做更佳的倫理判斷的步驟（Corey et al., 2007, p.20）模式一

認定有問題出現	定義問題（與當事人合作討論）	（與當事人一起）研究解決之道	選擇解決問題的方法	先預習整個問題解決過程，然後重新做選擇	與當事人一起執行與評估解決方式與其效果	繼續反省
❶	❷	❸	❹	❺	❻	❼

 協助諮商師做更佳的倫理判斷的步驟（Welfel，2013/2015, p.30）模式二

❶ 發展專業倫理的敏銳度　　❷ 釐清案件中所涉及的事實、持股者（如機構財源提供者）與社會文化脈絡　　❸ 定義主要議題與可用選項

❹ 參閱專業倫理標準與相關法律　　❺ 尋求倫理專業相關知識　　❻ 將倫理原則運用在情境中　　❼ 諮詢督導或同事

❽ 仔細思考並做決定　　❾ 知會督導，執行與記錄做決定過程與行動　　❿ 檢討這個經驗

 諮商師預防可能的專業倫理錯誤需要

 獲得當事人之知後同意　　遇到疑問要諮詢

 定期接受督導　　 記錄

✚ 知識補充站

　　諮商倫理原則只是一些簡易的規範，不像食譜書那麼詳細，因此最需要的是專業人員的覺察敏銳度與判斷，做出決定與採取行動。

單元 33 如何做倫理判斷（續）

Welfel（2013/2015, p.35）提醒治療師：「一個真正的倫理決定只有在專業人員個人認同專業倫理的價值觀、在做決策時納入倫理問題所處的社會文化脈絡、懂得因應伴隨倫理議題而來之情緒壓力，以及能堅定地將倫理選擇付諸實現時才會產生。」這句話道出了做倫理決策與執行的精髓，也可看出倫理判斷的不容易。即便諮商師都受過專業倫理的相關教育與訓練，但是「即知即行」才是捍衛諮商倫理最關鍵的因素。「知而不行」就無法維護當事人之最佳福祉，「行而不知」也容易違反倫理原則或法律，讓自己身陷困境。

要避免傷害當事人福祉，同時也避免違反專業倫理受到制裁，有一些建議可以提供：

（一）隨時複習相關的倫理議題，以及需要注意的部分。

（二）倘若遇有「可疑」或是覺得「不對勁」的情況，就要就近、盡快尋求督導或是資深諮商師的意見，必要時還需要徵詢法律專家的看法。通常發現「不對勁」的情況需要有一種「專業的直覺」，也就是鼓勵諮商師要「相信」自己的直覺。像是與當事人談話當中，「感覺」他／她處於當下這種狀況，「可能」會有輕生的念頭，諮商師就必須要很直接了當地詢問當事人有無傷害自己的念頭，甚至已經有所行動？然後將自己所做的處理記錄下來。即便當事人沒有自殺舉動，諮商師還是做了預防的處置，這些不僅是諮商師應該採取的專業行動，也可以作為萬一當事人採取危險行動之後，諮商師能夠保護自己的法律行為。

（三）誠如上述，諮商師遇到任何「可疑」或是有可能危及倫理的事件（或狀況），都需要鉅細靡遺地記錄下來，可以記錄在當事人的紀錄裡，也可以放在機構的正式流程紀錄當中。

（四）相關倫理與法律的繼續教育是必要的，因為這些課程或是工作坊裡可能都會列舉一些實際處理案例可供參考，而講師也可能是熟稔法律與專業倫理議題的專家，可以提供相當重要的諮詢意見。

（五）持續閱讀相關倫理案件的研究論文，可以讓自己有更多參考或依循的處理方式，而與同儕固定做個案討論也是不錯的好方法，彼此可以互相提點或留意與倫理或法律議題相關的可能性。

專業助人者還有所謂的「社會責任」，包括遵守與維護專業倫理規範、為弱勢或是不公義代言或發聲，甚至成為改變的動力，而做「研究」不只是諮商師將臨床與理論做結合的最好途徑，也可以就社會制度與現狀做適當檢視與觀察，甚至為弱勢與改變扮演「代言」與「促動」的角色。

小博士解說

女性主義倫理決定模式呼籲：在做倫理決定的過程中盡可能讓當事人參與，這就是治療關係權利平等的考量，與當事人做適切、充分的討論，也是維護當事人知的權利。

做倫理判斷決定的步驟
（Staton, Benson, Briggs, Cowan, Echterling, Evans et al., 2007）

1 了解倫理原則與行為 ➡ **2** 徹底調查與了解有問題的倫理議題 ➡

3 從倫理規定、諮詢者、專業機構與相關人士那裡尋求諮詢與教育 ➡

4 擬定可能的行動過程 ➡ **5** 思考這些行動的可能結果 ➡

6 選擇最適當的行動 ➡ **7** 知會督導與諮詢者 ➡ **8** 展開行動 ➡

9 評估結果　　注：最理想的狀況是整個過程諮詢者與督導都知情、且給予支持。

 做倫理決定不需要獨力為之，Corey（2016/2017, p.41）建議可以：

隨時更新自己
的專業知能

了解有哪些
可用的資源

反思個人價值
觀對實務工作
的影響

請教或諮詢
同事

願意誠實
自我檢測

事前理解與自己
工作有關的法規

✚ 知識補充站
　　新手諮商師可能因為焦慮、敏感度不足，忽略了需要處理的倫理議題，但是如果很誠實面對督導，督導或許會指出需要補救或處置之道。然而若實習生害怕因此影響督導對之評分，可能就會掩飾或不提，萬一日後發生問題，雖然督導也有責任，但是對實習生來說是很不利的，因為錯誤已經造成、又喪失了可做補救的先機。

單元 34 避免違反專業倫理的通則

儘管準諮商師在養成期間已經修習了「諮商專業倫理」這一門課，然而實際的專業倫理議題卻要在諮商現場才碰得到，也才能真正考驗諮商師的智慧與判斷力。在上「諮商專業倫理」的課程當中，授課教師也只能盡量以舉例方式、分析或討論來做說明，通常實際發生過的案例是很好的討論焦點。然而許多倫理議題其實沒有「唯一」的正確答案，也有許多模糊空間，必須要仰賴諮商師的決斷力與執行，也因此在面臨倫理議題或是困境時，諮商師需要諮詢相關人員、有適當督導，或者是請教法律專家，進一步了解所涉及的問題與後果，同時採取適當行動、並將所採取之行動與想法記錄下來。

沒有人希望犯錯，諮商師當然也是如此，但是許多的錯誤可能不是刻意犯下的，因此諮商師需要對於一般不同助人專業（如法律、醫療、社工、家庭治療或團體治療）的倫理原則有所涉獵及了解，也要常常有「後設思考」（就是去思考自己想法的背後考量），我建議將諮商專業倫理與「心理疾病診斷統計手冊」（DSM-V）擺在垂手可得之處，隨時覽閱與複習，此外也要將與自己執業的相關法律（如家暴、兒少、性平）熟讀，因為法律與倫理通常有關聯，甚至許多時候法律是凌駕在專業倫理之上，諮商師在考量對當事人或相關利害關係人最有利的處理方式時，最好同時檢視相關法律與倫理原則。

雖然避免違反倫理或法律是諮商師應該注意的，但是較為消極，誠如 Corey（2017/2016, p.40）特別提醒諮商師的：不要因為害怕懲罰而避免違反倫理，而是要朝著想成為最好的諮商師而努力。因此將避免違反倫理與法律視為諮商師的強制與最低標準，而增進當事人福祉則是沒有上限（也包括擔任改變倡議者或改變能動者），諮商師應朝這個方向努力。有學者（Handelsman et al., 2005, cited in Welfel, 2013/2015, p.31）提出「正向倫理」（positive ethics）的觀念，勗勉諮商師為理想而努力，找出整合自己價值觀與專業準則最好的方式、拓展倫理議題的討論，不要只是消極避免被訴訟的危險，找出促成當事人正向改變的策略及方式，並鼓勵諮商師取得自我照顧、實務工作合於倫理的平衡。

諮商師自己要常常覺察、培養實務的敏銳度，遇到不對勁或有質疑的情況，最好就近找人商議。這些其實都很好處理，最難處理的是同儕或同業違反專業倫理，中國人「與人為善」的傳統文化也讓許多違反倫理的助人專業者無法得到適當的制裁。許多諮商師都認為「不應擋他人財路」或讓他人因此而沒有了餬口的工作，因此未採取積極作為，加上專業倫理未與現行法律掛勾，而倫理委員會也是站在「若不呈上則不受不理」的被動立場，所謂的公會也只能約束參與會員，對於未參與者無法執行其制裁。我國自諮商師法施行以來，已經有許多當事人或準諮商師受到諮商師或督導的不合理對待，卻往往不能成案，這的確是我們需要嚴重正視及努力的目標。

維持良好專業判斷與倫理行為，諮商師最好：

- 必要時請教律師或法律專家
- 參與同儕督導或個案討論（特別要注重保密性）
- 有專屬督導可以固定討論
- 時時翻閱倫理守則，並閱讀相關文獻與研究
- 請教資深諮商師
- 與同儕討論

 諮商師檢視倫理行為

接案時是否有感覺不對勁的地方？

有沒有詢問必要的問題（如當事人是否有自殺意圖或計畫）？

當事人是否在安全、安適的情況下進行諮商（是否已排除當事人可能受害的潛在危險性）？

當事人是否在清楚理性的情況下接受治療（如是否已在勒戒中）？

與當事人之間是否無其他足以妨礙治療的關係（如親友、雙重關係等）？

是否有其他人可能受害（如受虐或自傷）？

在接完案後，有無時間檢視接案時的情況或錄音錄影帶？

有任何疑慮時，是否與同儕或督導討論？

同事或受督者有無違反倫理之行為？

 避免違反專業倫理的一些指導原則
（DePauw, 1986, cited in Nystul, 2006, p.40~41）

諮商前
廣告的適當性、費用之清楚規定、提供諮商師能力與專業所及之服務、讓當事人了解可選擇之服務項目、避免雙重關係、清楚指出實驗治療取向並採適當防護措施、清楚說明保密的限制

諮商中
謹守保密原則、必要時尋求諮詢、適當保持當事人紀錄、在當事人有自傷或危及他人時採取必要行動、了解有關虐童或疏忽個案的相關法律並通報

諮商結束後
當事人在諮商結束時與結束後所關切的議題為何？治療師是否要提議結束治療或是轉介（若當事人已經不能在治療中獲益）？再來就是評估治療效果

➕ **知識補充站**

倫理行為需要靠諮商師的自我監控與規範，而非靠外界人士或機構控管，但是諮商師彼此之間也要互相提醒、留意，以提升諮商專業形象。

單元 35 避免違反專業倫理的指導原則：同儕違反倫理行為

諮商界也是一個小社會，裡面的專業人員也是一般人，會犯下一般人可能犯的錯誤，不會因為他／她從事助人專業而變得完美或神聖，當然也會碰到不遵守專業倫理或違法者。忽略同儕違反倫理的行為也是違反專業倫理的（Corey et al., 2011/2014, p.24），倘若諮商師碰到同事或同業違反專業倫理行為時該如何處理？在同一機構底下，通常不希望檢舉同事的違反倫理行為，如果是輕微違反，或許應該要私下告知並提醒，但若是重大違反，不僅傷害當事人、也會損及機構聲譽，甚至會讓更多潛在當事人受害。諮商師或督導站在專業的高度，也需要有道德勇氣、挺身而出，護衛當事人、機構與社會大眾的權益。有些機構的受僱諮商師或督導間因為有私人情誼存在，也會妨礙客觀的投訴進行（Welfel, 2013/2015, p.398），機構內合夥人之間也較容易包庇違反倫理或不法之行為，讓受害當事人更難獲得公平對待。

根據 Golden 與 Schoener（1998）的調查發現治療師最常出現四種不當行為，它們依序是金錢剝削、由非專業者執業、性剝削，以及違反保密原則（cited in Welfel, 2013/2015, p.394）。對於同事之間或同業之間可能觸犯倫理的行為，諮商師或督導不應坐視不管，但是在舉報倫理委員會或申訴之前，還是要先取得當事人之知後同意、放棄其保密權，然後才進行，也要讓當事人知道接下來的處理措施。許多當事人即便受傷受害，但懾於諮商師的專業權力，常常不敢舉報或申訴，往往是在有更多受害人之後，才意識到治療師的不符倫理或違法行為並沒有止歇。Welfel（2013/2015, p.400）指出若當事人不願意提告、但是持續有受害者之可能，治療師還是要先以維護該當事人之權益為首要，儘管治療師或許沒有倫理義務要將事情「做公正處理」，但的確讓諮商師處於兩難之境，這也需要更多的討論與理出其他處理方式的可能性。

心理治療機構或心理診所也應該聘僱法律人擔任執業顧問，但是其宗旨不應該是以保護機構內的成員為唯一目標，而是需要顧及所服務當事人的福祉，同時也提醒機構人員守法的重要性。然而一般機構似乎較站在維護機構或諮商師的立場，將服務的當事人視為對立的一方，在倫理與法律面前還是較缺乏社會公義（social justice）的意識，這與治療師的「倡議」和「代言」角色，似乎有所扞格。

為了維護諮商品質與當事人福祉，治療同業間的互相提點與監督是很重要的，即便諮商師所服務的機構有不同的政策，但是專業人員彼此之間應該要以當事人與其利害相關人的權益為優先。

小博士解說

性別與關係界限，是諮商師最常見的違反倫理行為，與當事人或實習生發生親密關係，甚至假借職權的霸凌或性騷擾（侵害），儘管已經違反法律，卻極少成案。

做倫理決定的17個步驟（Pope & Vasquez, 2016, pp.161~166）

❶ 盡量清楚陳述問題兩難之境或關切的議題　❷ 預期誰會受到這個決定的影響

❸ 找出誰是當事人　❹ 評估是否在我們能力範圍之內　❺ 檢視相關的倫理標準

❻ 檢視相關的法律標準　❼ 檢視相關的研究與理論

❽ 考慮個人的感受、偏見和自我利益是否影響了我們的倫理判斷

❾ 考慮是否因為社會、文化、宗教或其他類似因素影響了這個情境？尋求最好的回應

❿ 尋求諮詢　⓫ 發展其他可替代的行動方案　⓬ 仔細思考可替代的行動方案

⓭ 試著去考量可能受到影響的每個人之觀點

⓮ 決定該怎麼做、檢視或重新考慮，然後行動　⓯ 記錄整個過程以及評估結果

⓰ 個人要對結果負起責任　⓱ 考慮未來可能的準備工作、計劃與預防

造成不當執業成立的要素（Corey et al., 2011/2014, pp.181~182）

責任 有特別的治療關係存在，以及治療關係的性質。

怠忽職守 如未提供合乎標準的服務、或未採取應當的行動。

傷害 證明造成身、心理或關係上的傷害。

因果關係 諮商師的怠忽職守是造成當事人或利害關係人傷害的直接原因。

✚ 知識補充站
　　違反倫理的行為往往只有治療師自己知道，其他人不容易察覺（林家興，2014，p.264），因此若諮商師本身較缺乏倫理的敏銳度，可能就會犯下大錯、導致他人檢舉。

單元 36 諮商師不當執業

所謂的「不當執業」或「執業失當」（malpractice）是指「未能提供專業服務，或技巧使用不符專業期待」，不管是刻意或無意所造成，傷害或疏忽了當事人，都是不當執業。美國諮商師界最多的是因為治療關係（諮商師與當事人或其相關利害人發生不當的性關係）而產生的法律糾紛，因此美國的諮商師從實習開始就要投保意外險（liability），作為不當執業的賠償之用。

「不當執業」須符合四個要素，它們是：（一）治療師與當事人之間必須存在著專業關係；（二）治療師必須是有忽略或不當態度的作為；（三）當事人被證實的確受到損傷或因傷害而感到痛苦；（四）必須有法律上的證據，證明當事人所受的傷害與治療師的疏忽或未善盡責任有因果關係（Corey et al., 2011/2014, p.181）。仔細看看這四個條件，治療師與當事人的專業關係可以是口頭或書面契約成立，諮商師的錯誤作為或不作為所造成的傷害，依當事人主觀感受來決定，但是需要有直接的因果關係，且由當事人負起舉證責任。初次乍看似乎很難成立，但是法律訴訟程序冗長而繁雜，諮商師要跑法院、為自己申辯，往往讓人心力交瘁，不只是金錢上的損失而已。國人不喜歡興訟，但是每年卻有九百萬件官司，似乎是有閒、有錢的人才可能「享受」的優渥。一般孜孜矻矻工作的諮商師不喜歡將心力浪費在這上面，因此避免訴訟的最好方式就是嫻熟專業倫理與相關法律，尤其是與自己執業場所有關的法律條文與規定，將存疑的議題及早提出與同儕討論或諮詢，並將自己所做的每個步驟及時間做記錄、保存。

若是已經成為法律案件，Bennett 與同事們（1990, cited in Corey et al., 2011/2014, p.189）建議：嚴肅以待、不要試圖私下和解、向專業組織之法律顧問諮詢，並準備好相關資料摘要、熟悉自己保單內容與限制（美國有投保意外險的要求）、不要銷毀或變更與當事人有關之檔案或報告、不與律師之外的人談論案件、確認所屬專業組織可提供之支持、不要與控告你的當事人繼續專業關係。

諮商師有時候會成為當事人的代言人或是證人（如發現同僚違反倫理或法律的行為），因此若有了解諮商或心理治療領域的律師，與其溝通會更容易。如果專業組織或當地沒有具這項能力的律師，諮商師自己要充實相關法律知識或熟悉相關資源，也是自保的好方法。Corey 等人（2011/2014, p.181）認為：避免捲入訴訟的最佳途徑就是提供當事人有品質的照護。

小博士解說

諮商師不希望受到訴訟或捲入法律案件，但若是太自我保護，反而會對治療工作造成負面影響，因此覺察與監控自己的行為是非常重要的，有疑問就隨時請教與諮詢。

不當執業發生的情況（Wheeler & Bertram, 2008, cited in Corey et al., 2011/2014, p.182）

使用的程序並不在專業可接受的範圍內。

使用未經訓練的技巧。

未使用較佳的助人程序。

沒有警告可能遭受暴力當事人傷害的第三者。

未獲得知後同意，或未列入紀錄。

沒有解釋治療的可能結果。

 防止諮商師執業失當

- 🖉 諮商師需要監控自己可能有執業失當之徵兆（身、心理或情緒問題）。
- 🖉 若發現有專業失能情況，應立即尋求協助，必要時得限制、暫停或結束專業責任。
- 🖉 諮商師也需要協助同業或督導認出可能的專業失當，並提供諮詢與協助，以免當事人受害。

 不當執業訴訟的理由（Corey et al., 2011/2014, pp.182~186）

未取得或寫下知後同意

執行業務超出能力範圍

遺棄當事人或過早結案

抑制或偽造記憶

顯著偏離已建立的治療實務（特別是自己不熟悉、未經證實的程序或技巧）

與當事人不當的性接觸

錯誤診斷

未能控制具危險性的當事人

不健康的移情關係

 諮商師因執業不當而面臨的法律問題（Anderson, 1996, Vace & Loesch, 2000, cited in Staton et al., 2007, p.99）

做錯誤診斷	未能適當處理當事人自殺危機	執業範圍超乎自己能力
違反保密協定	未能保護當事人 承諾治癒當事人	未能遵循適當的執業標準
未能提供知後同意	刻意傷害當事人	

單元 37 謹守倫理界限並維護專業聲望

「專業倫理是屬於同儕監督和同業自律的性質」（林家興，2017，p.116）雖然有所謂的「強制倫理」與「理想倫理」，但是只約束了專業裡面參與公會的成員，而且還得仰賴公會成員彼此的監督，以維護及提升專業的社會聲譽。

諮商師的專業倫理只規定了原理原則、最低必須要遵守的行為，沒有道德或專業行為的上限。許多的諮商師訓練課程，絕大部分是以講授、閱讀方式進行，頂多只是以發生事例或假設的情境來做討論，諮商師在實際接觸實務之後，才會發現許多的判斷需要足夠的資訊與智慧。當然專業倫理規則不是食譜，無法預測諮商師會面臨的倫理困境或待處理情況，因此在實務現場，若是遭遇需要做倫理判斷的情況，最重要的還是了解背景資料、查閱相關倫理原則、諮詢資深督導或諮商師（或律師）。最好平日就熟悉倫理規範，常常參與相關講座、研討會或個案研究，豐富自己的經驗與做決定的能力。此外，很重要的是：要將經過及處置方式做詳實記錄，以備不時之需。

諮商師培育的課程中，諮商倫理只佔了三個學分，要在一學期的時間內讓準諮商師們了解與有能力做正確的倫理判斷，的確不容易，因此「諮商倫理」課程所提供的是最基本的入門條件，授課教師在不同的專業課程裡，也會隨時提醒準諮商師倫理原則與處理方式。只是準諮商師進入實習階段，上面有督導罩著，所接的許多個案或許經過督導刻意篩選（不會把嚴重案例分派給實習生），因此準諮商師較無機會遭遇到倫理兩難的抉擇，比較常碰到的大概就是當事人要求加入臉書或留手機號碼的界限議題。那麼應該要如何磨銳自己的倫理敏感度與判斷能力呢？最簡單的就是常常複習倫理原則、了解自己職務相關的法律條文或機構規定、固定與同儕或督導維持個案研討、閱讀相關倫理案例、繼續教育等。諮商師與不同專業的人維持互動與溝通管道，其實就是為自己開拓一些諮詢可能，不同專業者對於事情的看法可以提供很好的參照，有時候是諮商師沒有意識到的觀點與留意事項，可以協助諮商師做更好的處置動作。

在諮商過程中，若感覺不對勁，諮商師就需要退一步省思一下，到底是哪裡不對？而在每次接完案後，都可以仔細檢視當次晤談或當天自己的經驗與體悟，常常在這樣的反省中會發現需要注意的細節或議題，盡快找人討論或商量，需要做補救動作就立即執行，有時候還需要聯絡或連結相關資源（如家暴社工、精神科醫師或法律人），畢竟晚一點總是比什麼都沒做要好，諮商師也可以用同樣的態度處理倫理議題。

遺棄當事人（Corey et al., 2011/2014, p.183）

未對住院病人進行追蹤

在會談以外期間都無法聯絡到治療師

未對緊急處遇的要求做回應

在渡假期間沒有提供代理治療師

 諮商師需要做轉介動作的時機

注：即便是諮商師要離職，也需要取得當事人同意才可做轉介動作

當事人同時需要其他專業（如身心科醫師、社工人員、諮商師）或單位（如醫療、社福、家暴中心）的協助時。

諮商師企圖協助，但是發現非自己專業能力可及。

諮商師認為自己接案有違當事人福祉（如與自己有血緣關係或關係密切之人）。

諮商師需要離職或遷往他處，不能繼續提供當事人服務。

 諮商師執業標準能力乃依據

所受教育

所受訓練

被督導經驗

國家或政府規定的專業認證

適當的專業經驗

✚ 知識補充站

　　治療師在與當事人工作時，需要交互使用同理與面質、涵容與設限，彈性地運用這些技巧，才能夠真正協助當事人（林家興，2017，p.86）。

單元 38 諮商師自我覺察的重要性

諮商師以自己為治療工具去影響或有效協助當事人，因此諮商師自身的覺察、反思與敏銳度相當重要，尤其在面臨專業倫理與法律的議題時，更需要謹慎小心。少數諮商師沒有足夠的自我覺察敏銳度、也不相信自己的直覺，因此在碰到需要做倫理判斷時，刻意忽略或輕忽，導致造成當事人身心受創，這也是 Corey（2016/2017, p.41）特別提醒專業助人者「我們必須檢討其他傷害較不明顯，但仍可能有礙創造成長導向關係的某些個人需求」，包含了掌控的需求、需要被需要、以合乎自己價值觀的方向來改變他人、自己是有能力的、需要當事人感激或重視等。

也因為諮商師以自己為治療工具，更凸顯自我覺察與成長的重要性，而諮商師的自我覺察與成長是個人及專業的責任。就如同當事人接受諮商後，對於自己會更了解一樣，諮商師每接一個案子，也增加了對自己與世界的認識和了解，同樣地，諮商師與當事人一樣生活在這個世上，彼此都會經歷生活中的起落得失，諮商師對於自己固定、深刻的生活覺察與反思，自然能夠反映到其臨床能力上，當然也有助於避免將個人事務或經驗負面地轉移到當事人身上而不自知、甚至造成傷害。

諮商師以平等的態度對待當事人，而諮商師也有義務與責任成為弱勢之代言者與改變的能動者（agent）。當然諮商師也是凡人、有其喜怒哀樂，曾有學者提出諮商師也喜歡 YAVIS（young, attractive, verbal, intelligent and successful）──「年輕、漂亮、能說善道、聰明與成功」的當事人，但是個人之喜惡不應該影響諮商師的判斷力以及對待當事人的態度，因此諮商師的自我敏銳覺察與反思就很重要。

臨床工作者與學者特別提到在治療過程中諮商師的「反移情」現象，「反移情」是指諮商師對當事人出現的潛在投射，往往會表現出不適當的情緒反應，像是未竟事務所引發的罪惡感、對當事人內在動力的不正確解釋、無法與當事人繼續晤談的挫敗感、對當事人失去耐性等（Corey et al., 2011/2014, p.51）。諮商師對自己的情緒若有良好監控，就會意識到自己是否出現反移情現象，並將反移情轉為建設性功能，協助自己去了解與協助當事人。

「為了要了解當事人的情緒意涵，治療師必須要積極致力於開放、敏銳與誠實地面對自己」（Corey et al., 2011/2014, p.49），這一句話說來簡單，但是如何實踐？因為接觸不同的當事人與生命故事，諮商師對於人世間會發生的事情有較多的了解與包容，但是是否對於開放程度有幫助，還是要看諮商師本身的性格與認知而定。敏銳的覺察力是可以養成的，至於是否對自己誠實、誠實程度多寡，還是靠諮商師自己的修為。

諮商師需要覺察以下可能干擾我們協助當事人的因素
（Corey, 2016/2017, p.40）

自我的需求	犧牲或利用當事人來滿足自我的需求（如性慾、控制與權力、需要被喜愛或覺得重要、有聲望等）。
未竟事務	過去未曾解決的關係情結。只要當事人像自己的重要他人，或當事人所呈現的議題與此有關，就會干擾治療關係或結果。
潛在個人衝突	自身有一些矛盾的想法或感受，但是沒有察覺，在諮商過程中會常常出現、受到干擾，影響對當事人的判斷。
反移情的來源	將自己對重要他人的情緒投射在當事人身上，或是對待當事人如某些重要他人，通常與自身的未竟事務有關。

 治療中的反移情（Corey et al., 2011/2014, pp.51~53）

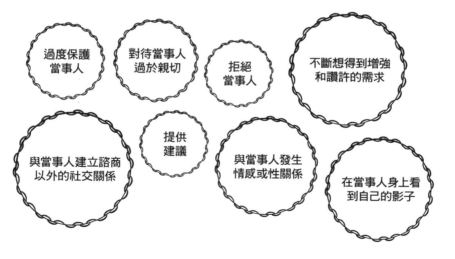

過度保護當事人

對待當事人過於親切

拒絕當事人

不斷想得到增強和讚許的需求

與當事人建立諮商以外的社交關係

提供建議

與當事人發生情感或性關係

在當事人身上看到自己的影子

✚ 知識補充站
　　ACA 在關於諮商師督導訓練教學一章中的 F.8.d. 明白列出諮商師教育者需要提醒學生個人成長影響專業能力的議題，因為個人議題若未覺察、甚至進一步思考改善，一定會影響其專業行為與能力。

單元 39 諮商師自我覺察與專業倫理：自我變項與效能

個人與專業成長不可二分。諮商師本身也是人，自然也面對許多挑戰與問題，因為這些議題可能都會妨礙諮商效能或傷害了當事人，因此在培育諮商師教育課程中會特別著重這一塊。諮商師之個人背景（如種族、性別與性傾向、膚色、社經地位、原生家庭、生命經驗、價值觀、創傷經驗、未竟事務等）都可能會在諮商過程中發揮潛隱的影響。若諮商師本身覺察能力不足或是不願意面對做適當處理，自然就不會發現這些個人因素正在影響著其助人專業，萬一個人議題被觸碰到、甚至引發傷害當事人的結果，可能也不是治療師願意看見的。在專業治療中提及所謂的「反移情」與「過度同理」，甚至是「替代性創傷」，主要就是針對治療師本身在治療過程的一些發現。適度的壓力可以促發人的動力與創意，但是過度的壓力就可能造成情緒障礙或失能。因此諮商師需要檢視與辨識自我、機構與環境的壓力源和可用資源，安排工作與生活中的優先次序（包含可以捨棄的部分），也建立穩定有效的支持系統及網路。壓力是要靠平日的覺察及漸進式處理，而不是累積到讓自己生活及工作上失功能才做處置，通常無法力挽狂瀾。

諮商師個人生活很難與專業生活做切割，因此治療師個人的生活、過去經驗或需求，也會帶到諮商室裡，對治療關係及行為產生影響。治療師願意在每次諮商之後花時間檢視自己的諮商工作、撰寫相關的省思紀錄，並盡量將個案事務留在辦公室裡、將工作與個人生活做適當區分很重要。因此除了休閒、健康生活習慣、維持適當人際與親密關係、持續閱讀進修與督導之外，「個人治療」就是一個很好的選項。

諮商師面對的幾乎都是負面事件與正在受苦的當事人，倘若沒有好好照顧到自己身心靈的健康，也可能因為累積的壓力或情緒導致崩潰或專業耗竭（職業倦怠）。諮商師本身的情緒覺察、壓力因應等能力，很容易在與當事人緊密而親密的接觸中消耗掉，最常出現的就是對當事人缺乏同理，因此妥善的自我照顧不只是一項能力、也是符合倫理原則的做法。諮商師要如何維持活力與對工作的熱情，主要還是靠自我調解與管理的能力，治療師對於自我的認識越清楚，了解自己的優勢與劣勢，就較容易採取行動做改善或改變。通常在治療過程中，諮商師不僅更了解當事人，也會更清楚自己。

小博士解說

專業耗竭可分兩類，「意義感的專業耗竭」是代表諮商師已覺得專業助人工作沒有意義、生活缺乏目標，而「關懷性的專業耗竭」則是能量耗盡、感覺沒有生氣與活力（Skovholt, 2001, cited in Corey & Corey, 2011/2013, pp.401~402）。

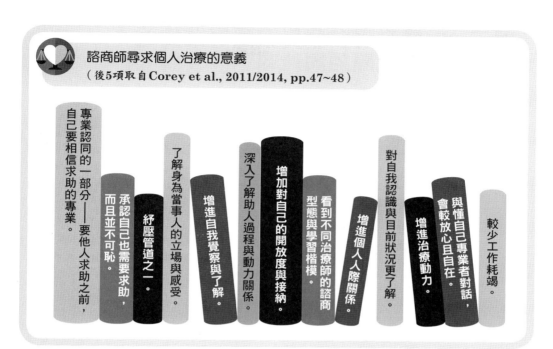

諮商師尋求個人治療的意義
（後5項取自Corey et al., 2011/2014, pp.47~48）

自己要相信求助的專業。
專業認同的一部分──要他人求助之前，

承認自己也需要求助，而且並不可恥。

紓壓管道之一。

了解身為當事人的立場與感受。

增進自我覺察與了解。

深入了解助人過程與動力關係。

增加對自己的開放度與接納。

看到不同治療師的諮商型態與學習楷模。

增進個人人際關係。

對自我認識與目前狀況更了解。

增進治療動力。

與懂自己專業者對話，會較放心且自在。

較少工作耗竭。

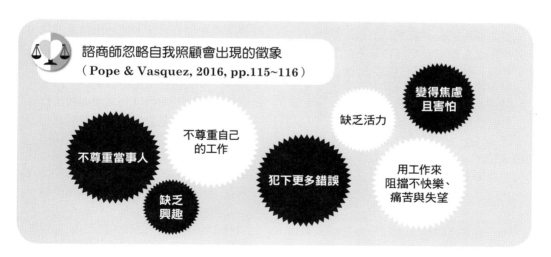

諮商師忽略自我照顧會出現的徵象
（Pope & Vasquez, 2016, pp.115~116）

變得焦慮且害怕

缺乏活力

不尊重自己的工作

不尊重當事人

犯下更多錯誤

用工作來阻擋不快樂、痛苦與失望

缺乏興趣

✚ 知識補充站

反移情是治療師將過去生命中對重要他人的情感或態度投射到當事人身上，可能妨礙治療，但也可以提供治療師了解與協助當事人的線索。

單元 40 諮商師自我覺察與專業倫理：自我照顧與耗竭

自我覺察與自我照顧是個人也是專業責任

治療師的工作是照顧當事人，因此許多諮商師都會將此列為最優先事項。但是別忘了諮商師也是當事人模仿學習的楷模，呈現在當事人面前的應該是「準備好」的治療師，而不是面色蠟黃、精神不濟的模樣，這樣不僅讓當事人失去求助的信心，也表現了治療師的不專業。雖然倫理守則上並無規範諮商師的穿著或外表條件，但是治療師或其執業機構通常會要求治療師表現出合乎專業的形象。諮商師接案不要超出自己能力與體能所能負荷的量，同時在接案之間也需要有適度的休息與調配、非必要不要連續接案，因為當事人所帶來的議題都不是快樂輕鬆的，加上治療師在晤談過程中需要全神貫注，耗費的心力與體能是很驚人的。在兩次晤談之間最好可以安排時間做其他較不耗費心力的事，像是個案紀錄、準備下一個個案或其他行政工作。

諮商師是人，當然也會有需求、經歷生活中的許多事件，但是在面對當事人時，最好不要讓自己的經驗與需求妨害其治療工作、甚至不小心傷害了當事人，當然也不能藉由治療關係來剝削當事人或他人，這些都是倫理議題。諮商師的自我照顧是個人、也是專業的責任（Corey, et al., 2011/2014），而沒有花時間做自我照顧的實務工作者，會面臨無法執行其專業責任的高風險（Barnett, 2003, cited in Corey et al., 2011/2014 p.63）。從個人層面來說，隨時覺察自己的情況、是不是可以面對每日的生活？自己的身心情緒健康狀況如何？從專業角度來說，諮商師的身心「準備好」，擔任有效能的專業助人者，才是對得起當事人。

專業耗竭

諮商師每天面對的都是不快樂或是生活遭遇瓶頸的當事人，這是極大的壓力源，倘若不留心自我照顧，可能就會造成身心極大耗竭，影響其專業表現與效能。諮商師每天接收這些負能量，容易有過度同理或替代性創傷的出現，因此從訓練成為諮商師的第一天開始，許多諮商師教育者就強調自我覺察與照顧的重要性。諮商師被要求要持續對工作保持熱誠、真誠以待當事人，因此若無法適度關照自己的身心靈，可能繼續耗損心力而不自知，最後造成無法收拾的局面。美國的研究發現諮商師酗酒、嗑藥、罹患憂鬱症與身心疾患者不在少數，這些也都可能是壓力工作下的產品，需要覺察、諮詢並做適度的壓力調整（如休假、責任重新分配、支持系統）。

小博士解說

同理耗竭的徵狀有：社交退縮或孤立、不適當情緒表現、悶悶不樂、與當事人界限不清，以及感受過度的壓力（VandeCreek & Jackson, 2000, cited in Welfel, 2013/2015, p.127）。

諮商師自我照顧（Staton et al., 2007, pp.66~67）

 身體健康

飲食正常否？有無規律運動？

 情緒健康

照顧自己內在與人際需求，是否從家人那裡獲得足夠的支持？有無感受到崩潰邊緣或氣憤？

 維持創意

與生活有關的創意發揮，而不是將工作變成例行公事。

 界限

是否在面臨與工作無關的要求時會肯定說「不」？
在工作之外可否享受生活、不受工作上的焦慮所擾？

自我覺察

是否了解自己與自己的需求？能否反思與面對挑戰？自己是否清楚為何選擇助人專業？

 造成專業耗竭的因素（Corey & Corey, 2011/2013, pp.404~405）

幾乎一成不變的工作型態　　付出很多卻未獲得同等的讚賞或回應

在工作中缺乏成就感及意義感　　與棘手的族群工作

在持續而強大的壓力下進行創作、執行及應付截止日期

與督導及工作夥伴間缺乏信任關係

缺乏個人的表現或主動嘗試新方法的機會

對機構的目標感到不滿、極少有機會創立新的目標

與工作人員持續性的衝突及緊張，缺乏同事支持、面對許多批評指責

對當事人未提供合乎標準的服務　　被要求付出不合理的時間與精神

在個人及專業上工作繁重，無足夠督導、繼續教育或其他在職訓練機會

除工作之外，還遭遇個人未解決的衝突問題

 專業耗竭的警訊（Corey et al., 2011/2014, p.63）

缺乏與個案保持界限

過度需要金錢與成功

處理超出個人專業能力的個案

沒有促進健康的營養與運動習慣

缺乏和朋友、同事的友情

在個人與專業上均是孤單地生活

無法認知個人受當事人的影響

當經驗到個人壓力時卻抗拒接受個人治療

單元 41 諮商師自我覺察與專業倫理：自我照顧方式

諮商師面對當事人應該是在自己最好的狀態時，因此需要對自己盡到良好的照顧責任，包括身心各方面，這才是對當事人負責的行為。況且諮商師呈現在當事人面前的是神采奕奕，也可以讓當事人覺得有希望，畢竟許多當事人是在碰到生命中的瓶頸時才來求助，因此諮商師的「在」，也要讓當事人覺得安心。每個人因應壓力的方式不同，有效者持續保留，無效者就要摒棄、改試用其他方法。若只是一味使用同樣幾種抒發方式（像是發洩怒氣、大叫、搥打枕頭），也可能造成問題，有些問題可以先做解決者，就做解決。

諮商師需要將自己關照好，才會有能力及餘力照顧當事人。諮商師的自我照顧包含一般的身體心理的健康照護，還有情緒照顧的部分（覺察自己的生活、壓力與情緒狀態，並做適當抒發與管理），此外有健康的人際與親密關係、家人互動及支持、適當休閒及娛樂，以及固定的個人督導與治療等。個人治療是覺察自我衝突、解決自我問題、探索個人盲點與反移情的方式之一，可以增進自我及專業成長，成為更有效能的專業助人者（Corey et al., 2011/2014, pp.45~46）。

儘管每一個人都只能過一種生命，但是諮商師的「同理」或「擬似」經驗，是建立治療關係、了解當事人的必要能力。Corey 等人（2011/2014, p.39）還提到諮商師期待當事人成長改變時，自己也必須願意在生活中成長，這種以身作則的示範，才是有效能的諮商師。

Welfel（2013/2015, pp.130~132）整理了相關文獻，協助治療師避免專業耗竭：（一）辨識心理健康實務的風險，也肯定此工作之酬賞——了解工作之風險與壓力；（二）設定可提供多少服務的清楚界限（清楚每日之接案量與自己身心可負荷之程度）；（三）身體力行提供給當事人的自我照顧建議（諮商師也是角色模範）；（四）當壓力讓你喘不過氣時，承認自己的脆弱並尋求支持與協助（定期督導、適當休閒很重要）；（五）即便尚未被壓力淹沒，也要考慮針對自己的困擾問題接受諮商或治療（要相信自己的專業）；（六）當主要服務項目是危機介入時，要為替代性創傷的可能徵狀做準備，並充分利用支持系統（勿獨立作業或孤立自己）。

Skovholt（2001）提及「維持個人自我」（oneself personally）的重要性，包括尋找與製造生活情趣，平和、興奮和幸福的正向生活經驗（cited in Corey et al., 2011/2014, p.65），選擇諮商就是選擇一種生活方式，要將所學應用在自己身上、讓自己身心健康愉悅，且持續發揮熱誠與效能。

小博士解說

「耗竭」是一種生理、情緒消耗，造成去個人化、工作成就感降低的壓力特徵（Maslach, 2003, cited in Corey et al., 2011/2014, p.63）。

案例舉隅：自我照顧

　　小馨擔任碩士課程第三年的全職實習諮商師，但是最近因為論文壓力，以及與男友協議分手等事件，讓她幾乎夜夜不成眠，後來還靠母親的安眠藥助眠，雖然有一些改善，但是情況依然很糟。她每天幾乎都不想起床，想到要面對當事人就倍感壓力與無助。她很想向駐地督導求助，但是又擔心這樣會影響她的實習成績，也不想讓學校老師知道，想要撐過去就好。

　　這一天面對已經晤談一學年的當事人小柯，小馨竟然直接開罵、說對方根本不想要變好，結果小柯逕自去找小馨的駐地督導，告訴督導他要換諮商師。小馨向督導道歉，督導問：「這已經不是妳第一次在工作上出差錯，妳要不要停修實習課？」小馨一聽了就嚎啕大哭。在這個事例中，小馨違反了哪些專業倫理？

可能牽涉的倫理議題

★小馨的自我照顧也是倫理議題，諮商師需要將自己照顧好，才能發揮專業功能與效果。

★小馨沒有照顧好自己，導致壓力過大，甚至影響其情緒，造成對當事人可能的傷害。

★督導提出小馨非第一次犯錯，可能危及小馨的實習，這還是小事，萬一當事人提告，情況就不那麼樂觀。

解決之道

（一）小馨應該要花時間做自我整理與整頓，論文可以慢慢做，因為碩班修業年限可至四年，也就是碩三全職實習後還有一年時間可以做好論文。小馨若太急切要畢業，反而造成更大的耽誤。

（二）若小馨情況真的很糟，不妨先請假一段時間、暫時停止臨床實習工作，同時找駐地與在校督導商議如何補足實習時數。也建議小馨既然想從事助人專業，應該相信諮商的效能，自己找可信賴的諮商師做自我整理，效率會更好。

（三）小馨應該要向當事人致歉，對於自己可能造成的傷害要勇敢坦承，也感謝當事人願意給予自己機會增進經驗值。

 諮商師本身對於求助的迷思檢視

Help! 承認自己也是人，也會有困境或是想不開的癥結。

Help! 當在臨床工作上碰到問題，有商量或討論的對象嗎？

Help! 有沒有自研究所或大學階段就建立的人際支持網路？或是同屬助人專業的同儕團體？

Help! 願不願意去找同儕討論自己的私人議題或是求助於另一位諮商師？

Help! 會擔心自己去求助是弱者或能力不足的表現嗎？

Help! 會擔心諮商師不能保守秘密嗎？

 求助也是一種能力

★知道資源所在並妥善運用。
★了解自己並非全能。
★了解人需要彼此幫助，社會才會成形。

★求助無關乎面子或恥辱，而是能夠將問題做適當解決。
★助人專業若不相信能求助，又如何讓當事人相信求助是可以的？

119

單元 42 總結

我國諮商師培育過程中缺乏「法律」教育的部分，或許因為倫理與法律沒有切實掛勾，諮商師公會的倫理委員會沒有強制權力，加上諮商師認證考試也沒有此一項目，因此諮商師普遍缺乏法律知識，除非與自己業務有關的法律多少會涉獵一些，但不是「必要」的條件。未來的諮商師教育課程應可以補強此部分。

諮商師培育階段有專業倫理的課程，然而許多授課教師只是以原則或經驗來授課，學生較難體會所謂的倫理兩難與決定，有必要做此方面之研究，同時蒐集相關案例，以為未來諮商師之提醒。此外，倫理議題與判斷不應只存於「專業倫理」的課程裡，而是在諮商相關課程（理論與技術、助人歷程、個別諮商、團體諮商、青少年與兒童諮商、家族治療等）都應該置入，並提醒學生相關倫理的原則與判斷準則。

許多國內諮商師或心理師違反倫理與法律的案件，都沒有正常管道知悉，常常是道聽塗說或以內部消息的方式傳播出來，這樣的情況會讓諮商專業的社會威望受損嚴重，更有潛在當事人會持續受害，當事人身、心、家庭與社會成本的耗損更大，不可等閒視之。

我國較少專業倫理之相關研究，這也是業界需要補強與強調的部分，畢竟諮商師已經被列為「醫事人員」，以後當會有更嚴苛的法律訂立與約束，提早的警惕與教育是防堵專業人員失職最重要的做法。

作者多年來參與處理或處理倫理議題，多半是發生在學生兼／全職實習之時（也包含大學部的輔導實習）。而執業的諮商師也常常有違反倫理的行為出現，若干督導對於自己違反專業倫理或法律缺乏敏銳度，甚至有嚴重違法行為，然而專業倫理委員會可以做的實在太少，甚至讓人誤解為「保護諮商師」，因此如何讓倫理委員會發揮其應有功能，也是可以思考的方向。

隨著時代演進、人口老化、數位科技的普及等，專業倫理也需要做與時俱進的修正與調整，當諮商服務更被普遍運用時，國內相關倫理規範與法律也需要做適時的修正及補強。諮商走入社區的趨勢已經刻不容緩，許多諮商師有「外展（reach-out）服務」，走出諮商室，甚至是處身於小社區、彼此關係緊密的鄰里，可能涉及雙／多重關係、保密與隱私議題、通報與否的問題等，也挑戰了目前專業倫理中的許多原則。

專業倫理的維護與提升，攸關專業助人者的效能及社會責任，身為諮商師，人人有責，當然也需要團隊支持及道德勇氣，才可以竟其功。

小博士解說

反移情並不是不好，有時也對治療有益，可藉此了解與協助當事人。重點在於諮商師要監控自己的情緒，並做適當反應，不要傷害或剝削了當事人。

協助當事人申訴（整理自Welfel, 2013/2015, pp.400~405）

❶ 取得當事人之知後同意

❷ 蒐集諮商師或督導相關違反倫理或違法之資訊或證據

❸ 填寫倫理委員會之申訴申請表格與具體理由

❹ 以掛號寄給公會之倫理委員會

❺ 公會會先審查被申訴諮商師或督導之會員資格（若非會員，申訴就終止）

❻ 若確定被申訴者為會員，並發現有足夠理由成案，就要求該會員在 60 天內做出書面回應

❼ 委員會審查回應內容與案件、做出判決

❽ 判決結果可能是：未違反倫理、無足夠資訊判定是否違反倫理，以及判定該會員違反倫理（予以懲戒、要求些修正或從公會除名）

做更好的諮商師可以

自我覺察與自我照顧　　適文化的考量與調整　　將諮商技術用在生活上

與督導、同業的實務交流　　自我進修與繼續教育　　發展與調整自己的諮商風格

依個人經驗與經驗，發展創新諮商理念及技術　　求助的必要

光是技巧不足以成「師」，需要扎實理論做基礎　　自工作中衍生意義

理論因為個人經驗、解讀或運用不同而有差異，盡信書不如無書

諮商不是「獨立」的工作，而是需要「團隊合作」　　成為弱勢代言或倡議者、社會的改革者

諮商要素（Tyler & Guth, 2003, p.5）

🖉 （一）是一個過程。

🖉 （二）過程核心為當事人與諮商師的關係。

🖉 （三）諮商師受過適當訓練，是有專業倫理約束的專業人士。

🖉 （四）諮商是處理個人福祉、成長、生涯與心理疾病。

🖉 （五）諮商過程是有次序、發展與明確的階段。

🖉 （六）諮商是經由不同的模式、理論與專業來提供的服務。

🖉 （七）諮商可以提供關於發展、預防與治療層面的服務。

🖉 （八）諮商植基於明確的知識基礎，在知識基礎與諮商行為間關係明確的情況下執行業務，其運用專業認可的諮商方式也需接受評估。

附錄一
學生輔導法原則（整理自洪莉竹，2013，pp.70~85）

總則	學生輔導工作目的
	學生輔導工作倫理之核心精神
	學生輔導工作人員
	校園合作
	專業倫理維護
學生權利與 學生輔導工作人員之責任	學生之權益：學習權、受益權、免受傷害權、公平待遇權、知情同意權 學生輔導工作人員之責任：提供合宜之個別或團體輔導計畫、覺察個人需求（避免利用學生來滿足個人或學校需求）、個人能力限制（適當做轉介與尋求資源）、關係界限的維護（不得逾越師生關係、有損學生身心發展）
學生隱私權維護	包括知情同意、隱私權限制、訊息揭露、個諮團諮的保密、學生紀錄等
關係界限議題處理	符合最佳利益、最小傷害之原則，預防及逾越界限之處理
校園合作	建立輔導團隊、相關資訊互通與注意事項
轉介	轉介之條件、知情同意與通報
專業能力與自我成長	維護與提升專業知能、同儕合作、自我照護
督導與諮詢	督導能力與倫理、諮詢知能與倫理
研究倫理	參與、資料蒐集、知情同意、研究結果與解釋、研究發表與出版
設備、科技之相關倫理	線上輔導之可行性評估、知情同意、隱私與保密、危機處理等
測驗相關倫理	測驗之選擇、專業訓練、應用與保存
學校評鑑之相關倫理	資料提供與注意事項、專業維護
倫理維護	遵守與提升專業倫理、違反倫理之處理

美國提供不同服務的助人專業人員

助人專業名稱	負責事項	最低教育程度
社會工作者（社工師）	一般大眾（或弱勢族群）基本經濟與生存需求的滿足與協助	大學社工相關科系畢業
學校心理師（國小）	提供有關學生發展與預防工作的診斷、處理與轉介	大學學校心理或相關科系畢業
輔導教師（國、高中）	學校輔導工作之策劃與執行、學生輔導事務、師長諮詢、實習督導（提供大學部與相關系所諮商與輔導實習）	輔導或諮商相關科系碩士畢業
諮商師（一般社區）	任何民眾想要處理的問題。除了自願型個案外，也接機構（如社福單位或法院）轉介之個案	心理或諮商相關系所碩士畢業
諮商師教育者	在大學院校做諮商師訓練、督導與進行實務工作及相關研究	諮商師教育或是心理諮商博士學位
臨床心理博士	進行深度治療（包括催眠與人格重整）	臨床心理博士學位
精神醫師	進行評估、診斷與治療（主要是開立處方的藥物治療，也進行深度長期治療）以及臨床研究	醫學學士學位

附錄三
學生輔導法相關規定重點

高級中等以下學校主管機關應設學生輔導諮商中心,其任務如下:
一、提供學生心理評估、輔導諮商及資源轉介服務。
二、支援學校輔導嚴重適應困難及行為偏差之學生。
三、支援學校嚴重個案之轉介及轉銜服務。
四、支援學校教師及學生家長專業諮詢服務。
五、支援學校辦理個案研討會議。
六、支援學校處理危機事件之心理諮商工作。
七、進行成果評估及嚴重個案追蹤管理。
八、協調與整合社區諮商及輔導資源。
九、協助辦理專業輔導人員與輔導教師之研習與督導工作。
十、統整並督導學校適性輔導工作之推動。
十一、其他與學生輔導相關事宜。

學校應視學生身心狀況及需求,提供發展性輔導、介入性輔導或處遇性輔導之三級輔導。其內容如下:
一、發展性輔導:為促進學生心理健康、社會適應及適性發展,針對全校學生,訂定學校輔導工作計畫,實施生活輔導、學習輔導及生涯輔導相關措施。
二、介入性輔導:針對經前款發展性輔導仍無法有效滿足其需求,或適應欠佳、重複發生問題行為,或遭受重大創傷經驗等學生,依其個別化需求訂定輔導方案或計畫,提供諮詢、個別諮商及小團體輔導等措施,並提供評估轉介機制,進行個案管理及輔導。
三、處遇性輔導:針對經前款介入性輔導仍無法有效協助,或嚴重適應困難、行為偏差,或重大違規行為等學生,配合其特殊需求,結合心理治療、社會工作、家庭輔導、職能治療、法律服務、精神醫療等各類專業服務。

學校校長、教師及專業輔導人員,均負學生輔導之責任。

高級中等以下學校應設學生輔導工作委員會,其任務如下:
一、統整學校各單位相關資源,訂定學生輔導工作計畫,落實並檢視其實施成果。
二、規劃或辦理學生、教職員工及家長學生輔導工作相關活動。
三、結合學生家長及民間資源,推動學生輔導工作。
四、其他有關學生輔導工作推展事項。

各級主管機關為促進學生輔導工作發展,應召開學生輔導諮詢會,其任務如下:
一、提供有關學生輔導政策及法規興革之意見。
二、協調所主管學校、有關機關(構)推展學生輔導相關工作之事項。
三、研議實施學生輔導措施之發展方向。
四、提供學生輔導相關工作推展策略、方案、計畫等事項之意見。
五、提供學生輔導課程、教材、活動之規劃、研發等事項之意見。
六、協調各目的事業主管機關,並結合民間資源,共同推動學生輔導工作。
七、其他有關推展學生輔導相關工作之諮詢事項。

為使各教育階段學生輔導需求得以銜接,學校應提供整體性與持續性轉銜輔導及服務;其轉銜輔導及服務之辦法,由中央主管機關定之。

學校執行學生輔導工作,必要時,得結合學生輔導諮商中心、特殊教育資源中心、家庭教育中心等資源,並得請求其他相關機關(構)協助,被請求之機關(構)應予配合。

附錄三
學生輔導法相關規定重點（續）

高級中等以下學校專任輔導教師員額編制如下：
一、國民小學二十四班以下者，置一人，二十五班以上者，每二十四班增置一人。
二、國民中學十五班以下者，置一人，十六班以上者，每十五班增置一人。
三、高級中等學校十二班以下者，置一人，十三班以上者，每十二班增置一人。
學校屬跨學制者，其專任輔導教師之員額編制，應依各學制規定分別設置。

各級主管機關應妥善規劃專業培訓管道，並加強推動教師與專業輔導人員之輔導知能職前教育及在職進修。
高級中等以下學校之教師，每年應接受輔導知能在職進修課程至少三小時；輔導主任或組長、輔導教師及專業輔導人員，每年應接受在職進修課程至少十八小時；聘用機關或學校應核給公（差）假。但初任輔導主任或組長、輔導教師及初聘專業輔導人員依第二項規定於當年度已完成四十小時以上之職前基礎培訓課程者，得抵免之。

學生輔導工作相關人員，對於因業務而知悉或持有他人之秘密，負保密義務，不得洩漏。但法律另有規定或為避免緊急危難之處置，不在此限。前項人員並應謹守專業倫理，維護學生接受輔導專業服務之權益。

學生對學校或輔導相關人員有關其個人之輔導措施，認為違法或不當致損害其權益者，學生或其監護人、法定代理人，得向學校提出申訴，學校應提供申訴服務；其申訴案件之處理程序、方式及相關服務事項，依相關規定辦理。

學校應定期辦理輔導工作自我評鑑，落實對學生輔導工作之績效責任。

附錄四
貝克憂鬱量表

請根據個人最近的狀況，選擇一個適當的選項。

1、□ 0 我不感到難過。
　　□ 1 我感覺難過。
　　□ 2 我一直覺得難過且無法振作起來。
　　□ 3 我難過且不快樂，我不能忍受這種情形了。

2、□ 0 對未來我並不感覺特別沮喪。
　　□ 1 對未來我感到沮喪。
　　□ 2 沒有任何事可讓我期盼。
　　□ 3 我覺得未來毫無希望，並且無法改善。

3、□ 0 我不覺得自己是個失敗者。
　　□ 1 我比一般人害怕失敗。
　　□ 2 回想自己的生活，我所看到的都是一大堆失敗。
　　□ 3 我覺得自己是個徹底的失敗者。

4、□ 0 我像過去一樣從一些事中得到滿足。
　　□ 1 我不像過去一樣對一些事感到喜悅。
　　□ 2 我不再從任何事中感到真正的滿足。
　　□ 3 我對任何事都感到煩躁不滿意。

5、□ 0 我沒有罪惡感。
　　□ 1 偶爾我會有罪惡感。
　　□ 2 我常常有罪惡感。
　　□ 3 我總是感到罪惡。

6、□ 0 我不覺得自己正在受罰。
　　□ 1 我覺得自己可能遭受報應。
　　□ 2 我希望受到報應。
　　□ 3 我覺得自己正在自食惡果。

7、□ 0 我對自己並不感到失望。
　　□ 1 我對自己甚感失望。
　　□ 2 我討厭自己。
　　□ 3 我恨自己。

8、□ 0 我不覺得自己比別人差勁。
　　□ 1 我對自己的弱點或錯誤常常挑三揀四。
　　□ 2 我總是為了自己的缺失苛責自己。
　　□ 3 祇要出事就會歸咎於自己。

9、□ 0 我沒有任何想自殺的念頭。
　　□ 1 我想自殺，但我不會真的那麼做。
　　□ 2 我真想自殺。
　　□ 3 如果有機會，我要自殺。

貝克憂鬱量表（續）

10、□ 0 和平時比較，我哭的次數並無增加。
　　□ 1 我現在比以前常哭。
　　□ 2 現在我經常哭泣。
　　□ 3 過去我還能，但現在想哭都哭不出來了。

11、□ 0 我對任何事並不會比以前更易動怒。
　　□ 1 我比以前稍微有些脾氣暴躁。
　　□ 2 很多時候我相當苦惱或脾氣暴躁。
　　□ 3 目前我總是容易動怒。

12、□ 0 我關心他人。
　　□ 1 和以前比較我有點不關心別人。
　　□ 2 我關心別人的程度已大不如昔。
　　□ 3 我已不再關心他人。

13、□ 0 我做決定能像以前一樣好。
　　□ 1 我比以前會延後做決定的時間。
　　□ 2 我做決定比以前更感困難。
　　□ 3 我不再能做決定了。

14、□ 0 我不覺得自己比以前差勁。
　　□ 1 我擔心自己變老或不吸引人。
　　□ 2 我覺得自己的外表變得不再吸引人。
　　□ 3 我認為自己長得很醜。

15、□ 0 我的工作情況跟以前一樣好。
　　□ 1 我需要特別努力才能開始工作。
　　□ 2 我必須極力催促自己才能做一些事情。
　　□ 3 我無法做任何事。

16、□ 0 我像往常一樣睡得好。
　　□ 1 我不像往常一樣睡得好。
　　□ 2 我比往常早醒 1 至 2 小時且難再入睡。
　　□ 3 我比往常早數小時醒來，且無法再入睡。

17、□ 0 我並不比以往感到疲倦。
　　□ 1 我比以往易感到疲倦。
　　□ 2 幾乎做任何事都令我感到疲倦。
　　□ 3 我累得任何事都不想做。

18、□ 0 我的食慾不比以前差。
　　□ 1 我的食慾不像以前那樣好。
　　□ 2 目前我的食慾很差。
　　□ 3 我不再感到有任何的食慾。

附錄四
貝克憂鬱量表（續）

19、□ 0 我的體重並沒有下降，若有，也只有一點。
　　□ 1 我的體重下降了 2.5 公斤以上。
　　□ 2 我的體重下降了 4.5 公斤以上。
　　□ 3 我的體重下降了 7 公斤以上。

20、□ 0 我並未比以往更憂慮自己的健康狀況。
　　□ 1 我被一些生理病痛困擾，譬如胃痛、便秘等。
　　□ 2 我很憂慮自己的健康問題，因此無法顧及許多事務。
　　□ 3 我太憂慮自己的健康問題，以致於無法思索任何事情。

21、□ 0 最近我對性的興趣並沒有特殊改變。
　　□ 1 最近我對性的興趣比以前稍減。
　　□ 2 目前我對性的興趣降低很多。
　　□ 3 我對性已完全沒有興趣了。

計分：當你做完問卷，將二十一題的得分累加起來求出總分。每題最高得分是 3 分，最低是 0 分，因此總分不會高於 63 分，反之，總分最低為 0 分。

貝克憂鬱量表的解釋
1~10 分　　在此範圍內屬於正常。
11~16 分　輕微情緒困擾。
17~20 分　在臨床上屬於憂鬱症邊緣。
21~30 分　屬於中度憂鬱症。
31~40 分　嚴重憂鬱症。
40 分以上　極端憂鬱症。

（假若個人長期維持在 17 分以上，則需要專業人員的協助治療。）

注：一般學校若未訂購貝克憂鬱量表，輔導教師也可以就量表裡面的重要內容，以陳述方式詢問學生的近況，如：「最近吃得多或少？」、「去上課或參加活動／睡眠的情況」、「有沒有想哭或一直哭的情況」等問句，來做初步診斷，倘若危險性高，就須轉介給身心科醫師做進一步確認與治療，同時追蹤學生的情況。

附錄五
「不自殺契約」內容範例

（一）去做一些讓自己可以放鬆的活動（聽音樂、打電動）。

（二）打電話給○○（最好列出三個人名與電話號碼），談談自己當時的心情與想法。

（三）跟家人在一起。

（四）打電話給輔導老師（電話是 ×××××××××）。

（五）打電話給生命線或○○熱線（電話是 ×××××××××）。

（六）打 110 報案，說自己有自殺意圖。

（七）去附近醫院急診室。

附錄六
危機處理一般流程

以家暴個案為例

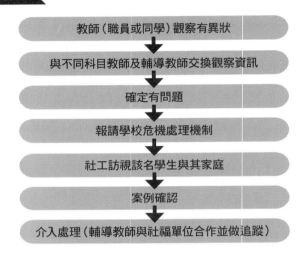

教師(職員或同學)觀察有異狀

↓

與不同科目教師及輔導教師交換觀察資訊

↓

確定有問題

↓

報請學校危機處理機制

↓

社工訪視該名學生與其家庭

↓

案例確認

↓

介入處理(輔導教師與社福單位合作並做追蹤)

以校園霸凌為例

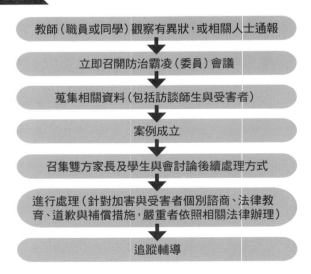

教師(職員或同學)觀察有異狀,或相關人士通報

↓

立即召開防治霸凌(委員)會議

↓

蒐集相關資料(包括訪談師生與受害者)

↓

案例成立

↓

召集雙方家長及學生與會討論後續處理方式

↓

進行處理(針對加害與受害者個別諮商、法律教育、道歉與補償措施,嚴重者依照相關法律辦理)

↓

追蹤輔導

附錄七

檢視自己的研究倫理態度

（同意打〇，不同意打 ×）（Corey et al., 2007, pp.431~432）

一、（　）使用的治療技巧或介入處置若缺乏實證研究基礎，是不負責且不合專業倫理的。

二、（　）有時候欺騙是心理研究的必要手段。

三、（　）研究若未能取得參與者的知後同意都是不合倫理的。

四、（　）研究若涉及對參與者的任何危險性，研究設計就必須要改變，因為這是不合倫理的。

五、（　）使用安慰劑分組是合理的，因為如果不使用這樣的控制，研究者就不能評估介入方式是否有效。

六、（　）研究設計若對參與者公開、誠實，都可以獲得最佳結果。

七、（　）倘若事後才對參與者做說明，就可以容許研究中的欺騙。

八、（　）研究者不應使用未經證實的技巧。

九、（　）要有好的治療研究結果，我們必須要忍受一些違反倫理的行為。

十、（　）基於研究可能的益處，在教育機構做研究是可以的。

注：目前凡是涉及人體的研究，都需要經過倫理委員會審查通過後方能執行。

附錄八
高風險家庭篩選評估標準

判定標準	判定情況
有或無	家中成員關係紊亂或有家庭衝突，家中成人有同居人、常換同居人，或者家長或同居人從事特種行業，有藥酒癮、精神疾病、犯罪前科
有或無	兒童或少年父母或主要照顧人從事特種行業、有藥酒癮、精神疾病而未就醫或持續就醫者
有或無	因貧困、單親、隔代教養或其他不利因素，使兒童及少年未獲妥善照顧
有或無	負擔家計者失業或重複失業（包括裁員、資遣）、強迫退休，使兒童及少年未獲妥善照顧
有或無	負擔家計者死亡、出走、重病、入獄服刑等，使兒童及少年未獲妥善照顧
	其他

附錄九
霸凌種類

種類	說明
肢體霸凌	「直接」以身體動作來欺負他人或讓別人受傷,像是打人,故意推擠、捏、刺、踢,害人跌倒或受傷等都是,也包括破壞或搶奪財物。
語言霸凌	像是說人壞話、取難聽的綽號、傳不實的謠言(包括用手機或電腦 FB),或者是刻意讓他人與某人疏離的惡毒或威脅語言。
關係霸凌	像是故意說壞話或不實的話、破壞某人形象,傳布謠言讓某人沒有朋友,甚至故意拒絕對方都是。女生喜歡用這樣的「間接」方式霸凌他人,主要是因為這樣的方式不容易被發現。許多成績優秀、人緣好、或是班級領袖的學生,常常使用關係霸凌。
性霸凌	是因為某人的性特徵(如女性的胸部或男性的陽具)或是行為表現不符合該性別的刻板印象(如男生「很娘」或女生「粗魯、霸氣」),或是性傾向(同性或雙性戀者)少數,就會受到侵犯身體、嘲弄、開玩笑、散布謠言、勒索或破壞財物等,有些遊戲本身也是霸凌的型態,如「阿魯巴」,在青春期的校園更容易看見。 另外,許多青少年以為彼此同意之下而發生的性行為是可以的,但是只要十六歲之前發生,都屬於性侵害,而父母親也可以依法保護二十歲以下子女的性自主權(也就是可以控告對方妨害性自主)。
網路霸凌	指的是藉由電腦(如上社交網站、FB)或科技(如手機)等媒介,而散布私密、謠言或不雅照片,目的是破壞某人的形象或名譽,甚至讓某人被孤立、沒有朋友。網路霸凌其實說明了霸凌可以運用的媒介很多元,讓霸凌的傷害更無遠弗屆!
反擊型霸凌	某人本來是霸凌受害者,後來因為受不了被欺負、反過來去欺負霸凌他／她的人或其他人,是所謂的「狗急跳牆」型。

注:要區辨是「霸凌」還是無害的「打鬧」或「玩笑」,就需要教育學生與相關人士(包括教師與家長),霸凌是非常主觀的感受,只要當事人覺得「不舒服」或感受到「威脅」,也都需要列入考量。通常霸凌不是一次性的,而是經常重複,導致受害者身心上的傷害與恐懼、甚至影響其生活功能。

附錄十
遭受家暴孩童的可能徵狀

徵狀	說明
行為出現問題	學業表現與動機低落，不信任或孤立自己，與人關係疏離或暴力相向，出現破壞物品或攻擊行為、強迫行為，抱怨身上疼痛、或害怕被觸碰，衣著不合時宜（如熱天穿長袖上衣），情緒表達失常，或有不適齡性行為表現，逃學或逃家，或退化行為等。
情緒出現問題	情緒不穩定、容易哭泣或悲傷，焦慮、無望，有罪惡感或羞愧，低自尊、或對他人懷有敵意，有自傷行為或自殺意念、失眠或是精神不佳。
身體上出現徵狀	身上有不明傷痕、頭痛或其他疼痛症狀，重要部位的疼痛與不適、頭暈、噁心或有性病等。

附錄十一
目前相關校園安全事件需要通報者
（整理自林家興，2014，p.209）

學生意外事件
校園安全維護事件
學生暴力與不當行為
輔導衝突事件
兒童與少年保護違反事件
性侵害、性騷擾、性霸凌
中輟生
吸食毒品
少女未婚懷孕
愛滋病毒感染

附錄十二
《兒童及少年福利與權益保障法》
第四十九條規定（衛福部）

任何人對於兒童及少年不得有下列行為：

一、遺棄。

二、身心虐待。

三、利用兒童及少年從事有害健康等危害性活動或欺騙之行為。

四、利用身心障礙或特殊形體兒童及少年供人參觀。

五、利用兒童及少年行乞。

六、剝奪或妨礙兒童及少年接受國民教育之機會。

七、強迫兒童及少年婚嫁。

八、拐騙、綁架、買賣、質押兒童及少年。

九、強迫、引誘、容留或媒介兒童及少年為猥褻行為或性交。

十、供應兒童及少年刀械、槍砲、彈藥或其他危險物品。

十一、利用兒童及少年拍攝或錄製暴力、血腥、色情、猥褻或其他有害兒童及少年身心健康之出版品、圖畫、錄影節目帶、影片、光碟、磁片、電子訊號、遊戲軟體、網際網路內容或其他物品。

十二、對兒童及少年散布或播送有害其身心發展之出版品、圖畫、錄影節目帶、影片、光碟、電子訊號、遊戲軟體或其他物品。

十三、應列為限制級物品，違反依第四十四條第二項所定辦法中有關陳列方式之規定而使兒童及少年得以觀看或取得。

十四、於網際網路散布或播送有害兒童及少年身心健康之內容，未採取明確可行之防護措施，或未配合網際網路平臺提供者之防護機制，使兒童或少年得以接取或瀏覽。

十五、帶領或誘使兒童及少年進入有礙其身心健康之場所。

十六、強迫、引誘、容留或媒介兒童及少年為自殺行為。

十七、其他對兒童及少年或利用兒童及少年犯罪或為不正當之行為。

《少年事件處理法》第三條
（103 年 1 月 22 日修正，由少年法院依法處理事件）

一、少年有觸犯刑罰法律之行為者。

二、少年有左列情形之一，依其性格及環境，而有觸犯刑罰法律之虞者：
　　（一）經常與有犯罪習性之人交往者。
　　（二）經常出入少年不當進入之場所者。
　　（三）經常逃學或逃家者。
　　（四）參加不良組織者。
　　（五）無正當理由經常攜帶刀械者。
　　（六）吸食或施打煙毒或麻醉藥品以外之迷幻物品者。
　　（七）有預備犯罪或犯罪未遂而為法所不罰之行為者。

參考書目

王文秀、李沁芬、謝淑敏與彭一芳（譯）（2003）。助人專業督導（by P. Hawkins & R. Shohet, 2000, *Supervision in the helping profession*）。臺北：學富。

王文秀、廖宗慈、陳俊言、蔡欣憓、鍾榕芳、楊雅婷（譯）（2015）。諮商與心理治療倫理：準則、研究與新興議題（by E. Reynolds Welfel, 2013, *Ethics in counseling & psychotherapy—standards, research, and merging issues*）。臺北：心理。

王嘉琳、廖欣娟、吳建豪、張慈宜、尹彰德（譯）（2009）。團體諮商：理論與實務（第七版）。（by G. Corey, 2008, *Theory & practice of group counseling*）。臺北：學富。

牛格正、王智弘（2008）。助人專業倫理。臺北：心靈工坊。

林家興（2014）。諮商專業倫理：臨床應用與案例分析。臺北：心理。

林家興（2017）。諮商督導的臨床筆記。臺北：心理。

洪莉竹（2013）。學生輔導工作：倫理守則暨案例分析。臺北：張老師文化。

黃慈音、謝艾美、楊雅嵐、陳嘉茵、林淑娥、魏心敏、林佩瑾（譯）（2013）。助人工作者養成歷程與實務（by Corey, M. S. & Corey, G, 2011, *Becoming a helper*, 6e.）。臺北：心理。

修慧蘭、林蔚芳、洪莉竹譯（2014）。專業助人工作倫理（by Corey, G., Schneider Corey, M., & Callanan, P., 2011, *Issues & ethics in the helping professions*, 8th ed.）。臺北：雙葉。

修慧蘭等譯（2017）諮商與心理治療──理論與實務。（by G. Corey, 2016, *Theory & practice of counseling & psychotherapy*, 10e.）。臺北：雙葉。

Akos, P. (2004). Response to Screening of members: "Everyone is welcome". In L. E. Tyson, R. Perusse, & J. Whitledge (Eds.), *Critical incidents in group counseling* (pp.10-12). Alexandria, VA: American Counseling Association.

American Counseling Association (2005). *ACA code of ethics*. Alexandria, VA: Author.

American Counseling Association (2014). *ACA code of ethics*. Alexandria, VA: Author.

Berg, R. C., Landreth, G. L., & Fall, K. A. (2006). *Group counseling: Concepts & procedures* (4th ed.). N.Y.: Routledge.

Bond, T. (2010). *Standards and ethics for counseling in action* (3rd ed.). London: Sage.

Corey, G. (2001). *The art of integrative counseling*. Belmont, CA: Brooks/Cole.

Corey, G. (2005). *Theory & practice of counseling & psychotherapy (7th ed.)*. Belmont, CA: Brooks/Cole—Thomson Learning.

Corey, M. S., & Corey, G. (2011). *Becoming a helper* (6th ed.). Belmont, CA: Brooks/Cole.

Corey, G., Corey, M. S., & Callanan, P. (2007). *Issues and ethics in the helping professions* (7th ed.). Belmont, CA: Thomson Higher Education.

Corrigan, P (2004). How stigma interferes with mental health care. *American Psychologist*, 59, 614-625.

Forsyth, D. R. (1999).*Group dynamics* (3ʳᵈ ed.). Belmont, CA: Brooks/Cole.

Gazda, G. M., Ginter, E. J., & Morne, A. M. (2001).*Group counseling & group psychotherapy: Theory & application.* Needham Heights,MA: Allyn & Bacon.

Hackney, H. L., & Cormier, S. (2009).*The professional counselor: A process guide to helping* (6ᵗʰ ed.). Upper Saddle, NJ: Pearson.

Harris, S. E., & Kurpius, S. E. R. (2014). Social networking and professional ethics: Clients searches, informed consent, and disclosure. *Professional Psychology: Research & Practice, 45*(1), 11-19.

Herlihy, B., & Corey, G. (2006). *Boundary issues in counseling: Multiple roles and responsibilities* (2ⁿᵈ ed.). Alexandria, VA: American Counseling Association.

Herlihy, B., & Remley, T. P. (2001). Legal and ethical challenges in counseling. In D. C. Locke, J. E. Myers, & E. L. Herr (Eds.), *Handbook of counseling* (pp.69-89). Thousand Oaks, CA: Sage.

Ivey, A. E., & Ivey, M. B. (2001). Developmental counseling and therapy and multicultural counseling and therapy: Metatheory, contextual consciousness,and action. In D. C. Locke, J. E. Myers, & E. L. Herr (Eds.), *Handbook of counseling* (pp.219-236). Thousand Oaks, CA: Sage.

Jacobs, E.E., Masson, R. L., & Harvill, R. L. (2009). *Group counseling: Strategies & Skills* (6ᵗʰ ed.). Pacific Grove, CA: Brooks/Cole.

Moore III, J. I. (2004). Response to Screening of members: "Everyone is welcome". In L. E. Tyson, R. Perusse, & J. Whitledge (Eds.), *Critical incidents in group counseling* (pp.12-14). Alexandria, VA: American Counseling Association.

Nystul, M. S. (2006). *Introduction to counseling: An art and science perspective* (3ʳᵈ ed). Boston, MA:Pearson.

Pedersen, P. (1988). *A handbook for developing multicultural awareness.* Alexandria, VA: American Association for Counseling & Development.

Pedrotti, J. T., & Edwards, L. M. (2010). The intersection of positive psychology and multiculturalism in counseling. In Ponterotto, J. G., Casas, J. M., Suzuki, L. A., & Alexander, C. M. (Eds.), *Handbook of multicultural counseling* (3ʳᵈ ed.) (pp.165-174). Thousand Oaks, CA: Sage.

Pope, K. S., & Vasquez, M. J. T. (2016). *Ethics in psychotherapy & counseling: A practical guide* (5ᵗʰ ed.). NJ: Wiley & Sons.

Schneider Corey, M., Corey, G., & Corey, C. (2014). *Groups process & practice* (9ᵗʰ ed.). Belmont, CA: Brooks/Cole.

Sahker, E. (2016). Therapy with the nonreligious: Ethical and clinical considerations. *Professional Psychology: Research & Practice, 47*(4), 295-302.

Staton, A. R., Benson, A. J., Briggs, M. K., Cowan, E., Echterling, L. G., Evans, W. F., et al., (2007). *Becoming a community counselor: Personal & professional explorations.* Boston, IL: Lahaska Press.

Taylor, M. (1996). The feminist paradigm. In R. Woolfe & W. Dryden (Eds.), *Handbook of counseling psychology* (pp.201-218). Thousand Oaks, CA: Sage.

Tyler, J. M., & Guth, L. J. (2003). *Understanding online counseling service through a review of definition and elements necessary for change.* (ERIC Document Production Service No. ED 481136)

Vogel, D. K., Wade, N. G., & Hackler, A. H. (2007). Perceived public stigma and the willingness to seek counseling: The mediating roles of self-stigma and attitudes toward counseling. *Journal of Counseling Psychology, 54,* 40-50.

Waters, E. B., & Goodman, J. (1990). *Empowering older adults: Practical strategies for counselors.* San Francisco, CA:Jossey-Bass.

Welfel, E. R. (2010). *Ethics in counseling and psychotherapy: Standards, research, and emerging issues* (4th ed.).Belmont, CA: Brooks/Cole.

Memo

Memo

Memo

國家圖書館出版品預行編目資料

圖解諮商倫理／邱珍琬著. －－初版.－－臺
北市：五南, 2019.12
　面；　公分. --（圖解系列）
ISBN 978-957-763-651-5（平裝）

1.諮商　2.專業倫理

178.4　　　　　　　　　　108014983

1BOU

圖解諮商倫理

作　　　者 — 邱珍琬（149.29）

發 行 人 — 楊榮川

總 經 理 — 楊士清

總 編 輯 — 楊秀麗

副總編輯 — 王俐文

責任編輯 — 許子萱

封面設計 — 王麗娟

出 版 者 — 五南圖書出版股份有限公司

地　　　址：106臺北市大安區和平東路二段339號4樓

電　　　話：(02)2705-5066　　傳　　　真：(02)2706-6100

網　　　址：http://www.wunan.com.tw

電子郵件：wunan@wunan.com.tw

劃撥帳號：01068953

戶　　　名：五南圖書出版股份有限公司

法律顧問　林勝安律師事務所　林勝安律師

出版日期　2019年12月初版一刷

定　　　價　新臺幣280元

※版權所有·欲利用本書內容，必須徵求本公司同意※